초판 1쇄 인쇄　2024년 1월 2일
초판 1쇄 발행　2024년 1월 2일

지은이　클레어, 프랙티쿠스 연구팀
펴낸이　장승진
펴낸곳　㈜프랙티쿠스
디자인　곰곰
삽화　장은서(짱셔요드로잉)

주소　서울시 서초구 나루터로 59 라성빌딩 4층
전화　02)6203-7774　**팩스**　02)6008-7779
홈페이지　www.practicus.co.kr
이메일　help@practicus.co.kr
출판신고　2010년 7월 21일 제 2010-47호

ⓒ 2024 클레어, 프랙티쿠스 연구팀
저자와 출판사의 허락 없이는 이 책의 전부 또는 일부 내용을
어떠한 형태나 수단으로도 이용하지 못합니다.

잘못 만들어진 책은 구입처에서 바꿔 드립니다.

ISBN 978-89-6893-041-6

값 16,000 원

해외에서도 당당한 육아 영어

박화란, 프랙티쿠스 연구팀 저

차례

글을 시작하면서 6

Chapter·1
아이에게 매일 하는 이야기

1 사랑과 긍정의 메세지 ____ 10
- 눈 떴을 때도, 잠자기 전에도 10
- 스스로 하다니 너무 대단해 12
- 친구와 재미있게 놀자 14
- 와 이런 아이디어도 있구나 16
- 펭귄은 왜 시무룩했을까 18

2 두렵지만 한 발자국만 더 ____ 20
- 엄마랑 떨어지는 건 힘들지만 학교는 가야 20
- 많이 아프니 엄마랑 병원에 가보자 24
- 오늘 새로운 놀이를 해 볼까 28

Chapter·2
마음은 아파도 훈육은 단호하게

1 천방지축 아이에게 ____ 32
- 집에서도 이런 건 위험해 32
- 밖에서는 더더욱 조심하자 36
- 엄마가 안 보이면 이렇게 말하자 40
- 물건을 던지는 건 안 돼 44
- 선생님께 꼭 인사하자 48
- 감사의 마음을 전해보자 50

2 마음은 아파도 단호하게 ____ 52
- 음식은 식탁에서 먹는 거야 52
- 친구를 밀치면 안 돼 56
- TV는 이제 그만 60
- 세균아 이제 안녕 62
- 우리 같이 치워보자 64

Chapter·3
해외생활, 여행도 문제없어. 콩글리시 안녕

1 아이가 아플 때 ____ 72
- 진료 예약하기 72
- 응급실에 갔을 때 74
- 감기 증상을 설명해 보아요 78
- 변비/설사 증상을 설명해 보아요 82
- 각종 상처들에 대해 설명해 보아요 84
- 치과에 갔을 때 86
- 입원을 하게 되면 88
- 드디어 퇴원하는 날 90

2 마트는 필수 ____ 92
- 아이에게 필요한 식재료 92
- 아이에게 필요한 육아용품 94
- 결제, 교환 환불까지 문제없어요 96

3 레스토랑에서도 자신있게 ____ 98
- 예약 그리고 아이가 필요한 물품 얘기해주기 98
- 주문도 꼼꼼하게 102
- 결제와 감사의 말 104

4 유치원 상담도 문제 없어요 ____ 106
　　방문 예약부터 철저히　106
　　원장선생님과의 면담　108
　　아이에 대해 선생님께 설명하기　112

5 여행을 즐겨보자 ____ 116
　　공항과 호텔에서　116
　　여행지에서　120

6 스몰 토크와 파티 ____ 124
　　외국인 엄마들과의 스몰 토크　124
　　파티 준비하기　128

Chapter·4
아이의 끝없는 호기심들

1 아이의 끝없는 호기심들 ____ 136
　　이건 나무고 이건 꽃이야　136
　　구름아 구름아　138
　　땅 밑에는 뭐가 있을까　140
　　소방차, 자동차 그리고 경찰차　142
　　전기는 어떻게 만들어질까　144
　　꼬마 건축가　146

2 우리의 몸과 마음은 소중해 ____ 148
　　아기는 어떻게 만들어질까　148
　　알아보자 우리 몸　152
　　엄마 마음속엔 핑크 몬스터　156
　　우리는 매일 성장하고 있어　160

3 더 넓고 큰 세상 배우기 ____ 164
　　여기는 말레이시아, 저기는 대한민국　164
　　해님, 달님은 어디로 갔나요　166
　　빨강과 노랑, 누가 해님의 색깔일까?　168
　　스스로 빨래를 정리하면 얼마?　170
　　잡아라 도둑　172
　　소방관 로이가 될 거예요　174
　　숯! 나는 숯돌이!　176
　　이야기 왕국을 만들어보자　178

Chapter·5
공대 출신 엄마가 알려주는 수학과 과학

1 수학은 어렵지 않단다 ____ 184
　　숫자와 친해져 보자　184
　　10 이하 숫자세기　186
　　10 이상 숫자세기와 계산하기　188

2 공대 출신 엄마의 이야기 ____ 190
　　지구가 저를 끌어당긴 거예요　190
　　돈은 하늘에서 떨어지는 게 아니야　194

3 미래는 어떤 모습일까 ____ 196
　　지구야 아프지 마　196
　　설거지 로봇 만들어 드릴게요　198

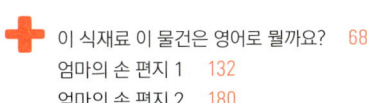

　이 식재료 이 물건은 영어로 뭘까요?　68
　엄마의 손 편지 1　132
　엄마의 손 편지 2　180

글을 시작하면서

대부분 엄마들처럼 저도 출산 전 온갖 출산, 육아 관련된 책들을 섭렵했습니다. 분유, 수면교육, 이유식, 응급처치, 장난감, 몬테소리 교육 등에 관한 지식을 쌓으며 슈퍼맘이 될 준비를 하고 있었지요. 아이에게 최선을 다하리라 의지를 불태우던 그때의 저를 생각하면, 오히려 그런 욕심들이 저를 더 힘들게 하지 않았나 싶습니다. 아이에게 처음으로 해줄 말과 스킨십을 상상하며 잔뜩 기대에 부풀어 있던 저는 출산을 마치자마자 아이가 중환자실에 입원했다는 청천벽력 같은 말을 듣게 되었어요. '어떻게 내 아이가 이 낮고도 낮은 확률에 해당될 수 있지? 임신기간 얼마나 조심하고 또 조심했는데…' 얼마나 많이 공부하고 준비했는데, 어떻게 이런 일이 있을 수가 있나요. 그 순간은 아이의 출생부터 컨트롤하려 했던 엄마에게 준 첫 경고가 아니었나 싶습니다.

육아를 글로 배우려던 저를 비웃듯, 힘든 날들이 시작되었습니다. 거의 모든 면에서 저희 아이는 육아 책에서 얘기하는 '가이드라인이 적용 가능한 아이'가 아니라는 걸 알게 되었어요. 엄마가 살 수 있는 모든 브랜드의 분유를 한 방울도 마시지 않던 아이. 야경증으로 잠자는 시간이 짧고 새벽에 자주 깨서 우는 아이. 이유식을 거부하는 아이. 놀이터에 내려가면 엄마 다리 붙잡고 친구들과 도무지 어울리지 않는 아이. 그런 아이를 키우면서 저는 많은 걸 내려놓게 되었답니다. '건강하고 친구를 사귈 수 있는 아이, 즐거운 아이가 되면 좋겠다.' 이것이 저와 남편이 바라는 전부가 되었고, 지금도 변하지 않고 있어요.

어느덧 아이도 만 세 살이 넘어가고 유치원에 갈 나이가 되었어요. 영어공부를 시켜야겠다는 생각에 알파벳과 어휘 카드를 꺼내 봤지만, 아이는 통 영어를 익히려 하지 않았습니다. 하지만 아이가 엄마에게서 떨어져도 생존할 수 있게 해 주는 유일한 도구가 영어인데 그대로 방치할 수는 없었답니다. 유치원에서 화장실 가고 싶다는 말 정도는 할 수 있게 도와줘야겠다는 마음으로, 아이의 첫 사회생활 적응이라는 작디 작은 목표를 갖고, 영어를 매우 느리게 익혀 나가기 시작했습니다.

아이와 한 마디라도 더 대화하려고 보니 오히려 제가 모르는 영어 단어와 표현들이 아주 많더군요. 나름 외국계 컨설팅 회사에서 일하고 대기업 해외 프로젝트의 키맨으로 활약했는데, 영어로 엄마의 진심이 전해지지 않아 답답하기 그지없었어요. 잠자기 전에 "사랑해, 잘 자. 넌 엄마의 소중한 아이야"라고 말해주려 해도 "I love you, good night…." 다음에는 도통 떠오르지 않는 식이었습니다. 그때마다 '내일은 책을 찾아 봐야지' 하면서도 전쟁 같은 하루를 지내고 나면 영어는 후순위로 밀리게 되고, 어김없이 후회가 찾아왔습니다. 그래도 만 4세가 넘으니 아이는 영어로 물어보고 화도 내게 되더군요. 유치원에서 나름 social butterfly라는 칭찬도 받았네요. 누가 괴롭히면 선생님한테 고자질할 정도가 되었으니 엄마의 걱정은 조금씩 줄어들고 있답니다. 느닷없이 아이가 순수한 표정으로 "Thank you for taking care of me."라고 얘기해줄 때, 거짓말처럼 눈물이 또르르 흘렸던 기억이 생생합니다.

어려웠던 영어 육아의 말들을 정리하여 책으로 만들어 보았습니다. 아이와 전쟁을 치르고 계시다면, 엄마표 영어에 관심이 많으시다면, 해외 생활을 시작하신다면, 아이와 함께 해외 여행을 떠나려 하신다면, 그리고 영어를 배워야 하는 아이에게 즐거운 피드백을 주고 싶으시다면, 이 책을 추천드리고 싶습니다.

아이와 24시간을 함께 하며 울고 웃었던 엄마의 경험과 고민들이 작은 위로와 도움을 드리기 바랍니다.

Chapter·1
아이에게 매일 하는 이야기

외국에서 육아를 전담하다 보니, 아이에게 말을 건네는 사람은 엄마와 아빠뿐이었어요. 아이의 언어발달이 늦어질까 노심초사하며 한마디라도 더 해주려고 노력했답니다. 아이가 만 3세가 지나고 스스로 의사 표현도 가능하게 되니, 일상적인 의사소통은 많아져도, 즐겁게 대화하는 시간은 오히려 줄어들더군요. 하지만 잠들기 전에는 엄마를 꼭 안고 말하곤 해요. '오늘은 누구랑 싸웠다', '선생님한테 혼났다'와 같은 이야기를요. 엄마의 사랑의 메시지가 필요한 순간이지요. 그럴 때 아이한테 이렇게 말해줍니다. "We are not perfect. We are learning every day. You are doing so great. Let's be a better person tomorrow!"

1 사랑과 긍정의 메세지
눈 떴을 때도, 잠자기 전에도

많이 많이 사랑해.
I love you to the moon and back.

한번은 아이한테 "사랑해" 라고 했더니 아이가 저에게 "사랑"은 뭐야 라고 매우 궁금한듯 초롱초롱한 눈빛으로 물은적이 있었어요. 그 순간 저도 어떻게 답을 해줘야 할까 고민을 했던 기억이 납니다. 천방지축 아이에게 사랑의 마음을 전하기는 쉽지 않아요. 하지만 사랑의 기운을 전하고자 생각나는 따뜻한 말들을 많이 해주었더니, 아이는 느닷없이 I love you so much.하며 친구들을 꼭 안아 주더군요. 엄마의 사랑을 전하는 따뜻한 표현들을 소개합니다.

• 꼭 알아둘 표현 •

1 많이 많이 사랑해. 너는 너무 너무 소중한 아이야.
I love you to the moon and back. You're so special.

    ＊ 우리말로 '하늘만큼 땅만큼 사랑해'라는 표현이 있죠. 영어의 비슷한 표현이 to the moon and back입니다. 말 그대로 달나라에 갔다 오는 거리만큼 사랑한다는 뜻이죠. 엄마의 아이에 대한 사랑을 나타내기에도 적절한 표현입니다.

2 송송이 오늘도 아프지 않고 즐겁게 하루를 보내서 너무 고마워.
Thank you, Songsong. Mommy is so happy because Songsong played well and had such a good time!

음성 파일로 들어보세요!

• 더 알아둘 표현 •

3 유치원에 있을때 엄마는 송송이 너무 보고 싶었어.
Mommy missed Songsong so much when you were in kindergarten.

4 우리 송송이는 밥도 잘먹고 놀이도 잘하고 책도 잘 읽고 너무 너무 잘하고 있어.
Today, you ate well, played well, and did such a good job reading your books. You're doing great!

✱ 책 전체에 걸쳐 잘했다는 말이 계속 나오는데요, good job 혹은 great job처럼 job을 활용하면 됩니다. do a good job 다음에 -ing형을 쓰면 '~을 잘했다'는 의미가 되죠.

5 엄마는 송송이가 엄마 뱃속에 있을때부터 너무 좋았어. 매일 사랑한다고 얘기해줬어.
Mommy was so happy when you were in my tummy. I told you "I love you" every day.

✱ '배'를 가리키는 일상적인 용어가 tummy입니다.

6 엄마 아빠는 송송이와 함께 있어서 너무너무 행복해. 송송이는 행복을 주는 아이야.
Mommy and Daddy are so happy to be with you, Songsong. You bring happiness to everyone.

7 오늘 엄마한테 혼나서 속상했어? 괜찮아. 나중에 엄마가 좋을때 "엄마 사랑해요"라고 말해줘.
Were you a little upset because Mommy scolded you? Don't worry. Tell Mommy "I love you" when you feel better later.

✱ 우리 말 '꾸중하다'는 scold라고 표현하면 됩니다. tell off라는 구동사 표현도 같은 뜻이죠.

1 사랑과 긍정의 메세지
스스로 하다니 너무 대단해

> 장난감을 스스로 정리한거야?
> **Did you put away the toys all by yourself?**

아이를 과하게 칭찬하는 것 또한 독이 될 수 있다고 합니다. 아이가 문제를 해결할 수 있게 도와주는 부모의 양육 방식이 오히려 성공하는 아이를 키울 수 있는 확률이 높다고도 하네요. 그러나 어른들의 세계는 각박하지요. 어른들은 끊임없이 의심하고 불안해합니다. 그런 불안이 아이에게 전이되지 않게 아이에게 잘한 일은 잘했다고 엄지척을 해주기도 하고 크게 칭찬해주고 있어요. 엄마한테서 칭찬받고 즐거워할 시간이 얼마나 될까요? 사춘기가 되면 엄마와 멀어질까 벌써 두렵습니다.

• 꼭 알아둘 표현 •

1 장난감을 스스로 정리한거야? 와! 너무 잘했다. 고마워.
Did you put away the toys all by yourself? Wow! You did a good job! Thank you!

  ✱ put away는 옆에 혹은 떨어진 곳에(away) 둔다는 뜻이죠. 결국 장난감을 치운다는 말이 됩니다. 그 외에 깔끔하게 정돈한다는 의미의 tidy up the toys, 흩어진 것을 집어 잘 둔다는 뜻의 pick up the toys라고 해도 비슷한 뜻이 됩니다.

2 엄마가 오늘 너무 피곤했는데 엄마가 쉴때 기다려줘서 너무 고마워. 사랑해.
Mommy was so tired today. Thank you for waiting for me while I was taking a rest. I love you, and thank you.

 음성 파일로 들어보세요!

• 더 알아둘 표현 •

3 엄마가 설거지할 때 기다려줘서 너무 너무 고마워. 덕분에 엄마가 일을 빨리 끝냈어.
Thank you so much for waiting while Mommy was washing the dishes. I finished so quickly thanks to you.

4 오늘 선생님이 송송이 유치원에서 선생님과 친구들을 많이 도와줘서 너무 고맙다고 하셨어. 잘했어.
Today, your teacher told me that you behaved very well at school. You helped the teachers and your friends a lot, didn't you?

✱ behave는 단순히 행동을 한다는 뜻뿐만 아니라 올바른 행실을 보여준다는 의미도 지닙니다.

5 송송이 스스로 화장실도 가고 손도 씻었어? 이야! 너무 깨끗하게 잘 씻었다.
Did you go to the restroom and wash your hands by yourself? Wow! Your hands are so clean! Good job!

6 요리를 같이 도와줘서 너무 고마워! 송송이 만든 계란 요리 너무 맛있다.
Thank you for helping Mommy cook. The egg dish you made is so delicious.

7 너무 고마워! 송송이가 벌써 이렇게 커서 엄마를 도와주는구나.
Thank you so much, honey! You are such a big boy helping your Mommy!

✱ '이제 다 컸네'와 같은 말을 할 때는 You grew up so much.처럼 얘기해도 좋지만, big boy, big girl과 같은 쉬운 표현을 활용하는 것도 자연스럽습니다.

1 사랑과 긍정의 메세지

친구와 재미있게 놀자

> 같이 놀아도 될까? 내 이름은 송송이야.
> **Can I play with you? My name is Songsong.**

친척 지인들이 없는 말레이시아에서 생활하는데다 코로나로 외부 출입까지 제한되자, 아이는 낯선 사람을 경계하기 시작했어요. 놀이터에서도 친구들의 장난감을 뺏고 밀치거나 했습니다. 엄마로서 많이 속상했지만, 아이가 더 힘들거라 걱정하며 해법을 알아보았어요. 그리고, 아이의 사회성 발달을 위한 언어 습득이 중요하다는 걸 알게 되었습니다. 아이가 말로 표현하지 못하니 뺏거나 과격한 행동을 하는 듯 보였어요. 그래서 사회성 발달을 위해 꼭 필요한 표현들을 아이에게 반복해서 말해주었답니다. 그 뒤로 아이는 자기의 몸을 제어할 수 있는 능력도 생기고 의사소통도 원활하게 되었습니다. 말과 행동이 조금은 서툰 아이들에게 필요한 표현들을 소개합니다.

• 꼭 알아둘 표현 •

1 이렇게 친구에게 말해보자. "같이 놀아도 될까? 나의 이름은 송송이야. "
When you meet a new friend, you can say: "Can I play with you? My name is Songsong."

2 순서를 기다려보자. 이 친구가 두번 하고 나면 송송이가 놀이할 수 있어.
Let's wait for your turn. After your friend plays twice, you can play.

　＊ '순서'는 turn으로 표현하면 됩니다. 달리 Wait your turn. He was there first. (차례를 기다리자. 저 친구가 먼저 왔잖아.)처럼 말해줄 수도 있죠.

음성 파일로 들어보세요!

• 더 알아둘 표현 •

3 친구가 많이 아팠네. "미안해"라고 얘기해보자. 그래, 잘했어. 다음에 더 조심할 수 있어.

Your friend got hurt. Please say "I'm sorry." Alright. Good job. Play more carefully next time.

4 송송이 오늘 간식을 가지고 나왔으니 같이 나눠먹어볼까. "같이 먹어볼래? "얘기해볼래? . 잘했어! 나눠먹으니 더 기분 좋지?

Today, let's share your snacks with your friends. Why don't you say, "Do you want to have some snacks?" It feels great to share something with your friends.

5 송송이 오늘 재밌는 장난감 갖고 나왔으니 함께 놀이해볼까. "같이 놀래?" 친구한테 물어볼래? 같이 놀면 더 재밌는 놀이를 할 수 있어.

You brought some awesome toys, Songsong. Let's share them with your friends. Can you ask your friend, "Do you want to play together?" It would be more fun to share your toys with friends.

✱ 음식이든 장난감이든 누군가와 같이한다면 share로 쉽게 표현할 수 있습니다.

6 오늘 송송이 장난감 다 갖고 놀고 싶었는데 친구들한테 먼저 물어보고 같이 놀아서 너무 대견해. 엄마가 박수쳐 줄게!

Mommy is so proud of you. You shared your toys with friends even when you wanted to play by yourself. Mommy is clapping for you!

✱ clap은 '박수'를 의미하기도 하고 '박수치다'라는 뜻도 지닙니다.

1 사랑과 긍정의 메세지
와 이런 아이디어도 있구나

송송이가 직접 만든 건물이야?
Is this the tower you made all by yourself?

 초보맘은 언제나 의욕이 넘치지요. 육아 관련 책이며 유튜브에서 최고의 놀이 방법을 찾습니다. 그러나 아이들이 엄마의 지극정성을 알 리가 만무하답니다. 이 놀이는 이렇게 하는거라고 알려주고 즐겁게 놀아주려고 해도 재료들만 바닥에 던지기가 일쑤예요. 아이와 재미있고 학습효과도 있는 놀이를 기대한 엄마는 실망이 이만저만이 아닙니다. 말투도 처음의 에너지 넘치고 사랑 넘치는 엄마의 말투가 아닙니다. 하지만 실망만 하지 않고 칭찬을 해주려 노력해야겠죠. 어떤 표현들이 있을까요?

• 꼭 알아둘 표현 •

1 우와! 이건 뭐야? 송송이가 직접 만든 건물이야? 대단한데!
Wow! Is this the tower you made all by yourself? It's awesome!

＊ 아이들이 어떤 것을 만들었을 때, '혼자', '직접' 만들었다는 말은 by yourself를 붙여 표현하면 됩니다. 엄마의 감탄사도 다양하게 쓸 수 있죠. 매번 great만 활용하기보다는 awesome, amazing, wonderful, excellent와 같은 단어로 칭찬의 말을 해도 좋습니다.

2 엄마가 같이 해봐도 될까. 너무 재미있어 보인다.
Can Mommy play with you? It looks so fun!

 음성 파일로 들어보세요!

• 더 알아둘 표현 •

3 와! 이 아이디어는 어떻게 생각한거니? 너무 잘 만들었어!
Wow! How did you come up with these ideas? You made it so well!

✱ 아이디어를 생각해 낸다고 할 때 가장 무난한 표현이 come up with입니다.

4 송송이는 훌륭한 아이디어가 많은거 같아. 엄마도 깜짝 놀랐어.
Songsong always has such great ideas. Mommy is so surprised.

5 스스로 생각하니 더 재밌는 놀이도 할 수 있구나.
It's more fun when you come up with your own ideas.

6 엄마 도움이 필요하니? 이걸 잡아줄까?
Do you need Mommy's help? Do you want me to hold this for you here?

7 놀이도 좋지만 집안이 너무 지저분해졌어. 같이 정리해보자.
Play is good, but the house became so messy. Let's tidy up together.

✱ 말끔하다는 의미를 지닌 tidy를 동사로 바꿔 tidy up이라고 하면 깨끗이 정리한다는 말이 됩니다.

1 사랑과 긍정의 메세지

펭귄은 왜 시무룩했을까

> 엄마는 송송이가 자기 전에 해주는 이야기가 너무 재미있어.
> **Mommy likes the stories you tell me before we go to sleep.**

 출산 후 허리통증을 호소하는 엄마들이 많아요. 저도 허리통증으로 긴시간 앉아서 놀아주기가 쉽지 않았어요. 대신 누워서 책 읽어주는 건 자신있었답니다. 엄마가 읽어 준 이야기 속의 대화를 몇 개월 뒤에 똑같이 따라하는 것을 듣고 정말 많이 놀랐습니다. 아이의 귀가 열리고 입이 트이게 하는 엄마의 칭찬을 알아볼까요.

• 꼭 알아둘 표현 •

1 엄마는 송송이가 자기 전에 해주는 이야기가 너무 재밌어. 엄마한테 하나만 더 얘기해줄래?
Mommy likes the stories you tell me before we go to sleep.
Could you please tell me one more story?

　＊ 아이에게도 아주 정중히 부탁하는 표현을 쓸 때가 있습니다. 그 때 유용한 표현이 Could you please tell me ~?입니다.

2 우와! 이걸 기억하고 있었어? 맞아! 페파피그 이야기에서 이렇게 얘기했어.
Wow! Did you remember this conversation? You're right.
That's how Peppa Pig talked in the book.

　＊ 읽거나 들은 것의 내용을 다시 상기시키면서 맞장구를 쳐주고 싶다면, That's exactly what 누구누구 said in the book.와 같은 표현을 써도 좋겠죠.

 음성 파일로 들어보세요!

• 더 알아둘 표현 •

3 페파피그 이야기는 너무 재밌다! 우리 다시 한번 읽어볼래? 송송이가 고른 책이 제일 재밌어.
Peppa Pig stories are so fun! Let's read it one more time. Your choice is always the best.

4 까이유 책을 송송이가 많이 좋아하네. 엄마가 비슷한 책이 있는지 서점에서 더 찾아볼게. 책은 우리 마음을 따뜻하게 만들어.
You love "Caillou" books a lot. Mommy will try to find more books about him. Books always make us feel good inside.

✱ 마음 속에서 일어나는 일은 간단히 inside로 표현할 수 있습니다.

5 우와! 이 책에는 송송이가 좋아하는 내용이 너무 많구나! 화산도 있고, 땅 밑 세계도 있고. 우리 하나씩 읽어보자. 송송이가 항상 궁금증이 많아서 엄마가 책 찾기 쉬운거 같아.
Wow! This book has so many things that Songsong likes! There are volcanos. There are underground worlds. Let's read one by one. Songsong is always curious about so many things that Mommy can easily find books you'll like.

6 펭귄은 남자아이의 도움으로 겨우 집에 도착했는데 왜 시무룩해졌을까? 펭귄은 남자아이와 헤어지기 싫었어. 펭귄은 항상 함께 하는 친구가 있기를 원했단다.
Why has this penguin gotten upset after this little boy helped him arrive home? I think it's because the penguin didn't want to leave this little boy. The penguine wants a friend who can be with him all the time.

2 두렵지만 한 발자국만 더

엄마랑 떨어지는 건 힘들지만 학교는 가야

> 새로운 것을 경험하고 배우는 것은 소중한 거야.
> **Learning and experiencing new things is very precious.**

아이는 아침에 눈을 뜨자마자 저에게 물어봅니다. What day is it today? Are we staying home today? 그리고 유치원에 안 간다고 징징거리기 시작하지요. 아이가 이런 말을 할 때마다 마음에는 큰 돌덩이가 내려 앉는 듯 괴롭습니다. 울면서 안 가고 싶다고 하면 그날은 선생님과 면담도 신청하게 되고 아이의 마음속에 어떤 어려움이 있는지 하루 종일 신경이 쓰이지요. 아이가 처음으로 유치원에 가게 된 첫 한 달이 가장 힘들지 않았나 싶습니다. 아이의 등원을 어떻게 격려할 수 있을지 알아볼까요?

• 꼭 알아둘 표현 •

1 새로운 것을 경험하고 배우는 것은 소중한 거야.
Learning and experiencing new things is very precious.

* 가치가 있고 소중한 것은 precious라는 단어가 적절합니다. 영어로 말할 때 thing은 너무 광범위하고 모호한 단어라서 되도록 쓰지 않는 것이 좋습니다. 하지만 아이의 눈높이에 맞춰 '~한 것들'을 쉽게 표현하려면 그만큼 유용한 단어도 없죠.

2 유치원/학교를 가지 않으면 송송이는 아무것도 배울 수 없어. 집에서 엄마랑 하는 놀이로는 부족해.
If you don't go to kindergarten, you can't learn anything.
Games and playing at home with Mommy is not enough.

음성 파일로 들어보세요!

• 더 알아둘 표현 •

3 유치원/학교에 들어가보면 지금처럼 두렵지 않을 수 있어. 한번 도전해보자!
Once you go to kindergarten, you might not feel as nervous as you do now. Let's try it.

★ 두렵고 긴장되는 심리를 표현할 때 가장 일반적인 단어가 nervous입니다.

4 엄마가 일 끝내고 빨리 데리러 올게!
Mommy will pick you up as soon as possible after work!

★ 공항에서 사람을 '픽업'하는 것뿐 아니라 이렇게 아이를 어린이집에서 데리고 오는 것도 pick up 으로 표현할 수 있습니다.

5 엄마도 아빠도 일을 해야 해. 그동안 송송이는 선생님, 친구들과 함께 시간을 보낼거야.
Mommy and Daddy have to go to work. While we are at work, you will play and spend time with your teachers and friends.

우는 아이를 떼어 놓고 유치원을 나오는 마음은 너무 괴로웠답니다. 유치원 담장 뒤에 서서 아이가 계속 울고 있는지 듣고 있었어요. 처음에는 힘들지만 아이와 엄마를 위해 만 3세가 넘으면 집단생활은 좋은 점이 더 많다고 생각되어요. 유치원에 다니고 나서부터 아이의 사회성 발달이 급속도로 빨라지면서 모든 면에서 육아가 조금 덜 힘들어지고 아이도 새로운 즐거움을 찾을 수 있었어요. 등원을 격려할 때는 어떤 즐거운 일들이 기다리고 있는지를 강조해 주는 것도 효과가 있었습니다.

6 엄마 송송이 너무 보고 싶었어! 오늘 재밌게 잘 보냈어? 이리와, 꼭 안아줄게!
How was your day? I missed you so much! I need a hug.

★ hug는 '포옹하다'라는 동사 뜻도 지니지만 명사로도 잘 활용됩니다. 포옹을 해 주는 것은 I will give you a hug., 여기처럼 포옹을 해 달라는 것은 I need a hug.처럼 표현할 수 있죠.

7 토, 일요일은 집에서 뒹굴뒹굴할 수도 있고, 송송이가 하고 싶은 놀이도 할 수 있어.
On Saturdays and Sundays, you can goof around and do whatever you want.

* goof around는 빈둥대고 게으른 모습을 나타내는 속어 표현으로 많이 등장합니다.

8 오늘은 축구 수업이 있는 날이야! 재밌게 노는 날이야!
Today, you will have a soccer class at school! It's a fun day!

9 친구들이랑 나눠먹을 수 있는 비타민 캔디 넣어둘게. 엄마 기다릴때 하나씩 꺼내먹어.
Mommy put some vitamin candies in your bag. You can share them with your friends while waiting for Mommy.

10 괜찮아. 그런 마음이 들 수 있어. 마음이 편해지면 옷을 입어볼까?
Don't worry. Mommy understands. When you feel comfortable, shall we try putting on clothes?

* 만족스럽거나 편안한 상태를 영어로 표현하고 싶다면 우선 comfortable부터 떠올려 보면 됩니다.

유치원 입구에서 엄마 다리를 붙잡고 있는 송송에게 이 말을 해주곤 해요.
"우리 송송이 잘하고 있어. 더 어려운 일도 잘 해낼 수 있을 거야.
막상 해 보면 생각보다 어렵지 않아."

2 두렵지만 한 발자국만 더
많이 아프니 엄마랑 병원에 가보자

> 너무 잘 했어! 많이 아팠지?
> **You did it so well! It must have been hurting.**

 아이가 아프면 엄마의 뇌회로는 오로지 아이를 위해 작동하게 됩니다. 병원에 가고 진단을 받고 입원을 하는 과정들을 아이에게 설명해주지 않으면 아이가 너무 불안해하더군요. 오히려 엄마가 걱정하면 더 씩씩하게 의사 선생님을 만나고 검사를 받을 때도 있답니다. 아이들이 가장 궁금해하는 건 왜 아프게 되었는지 그 원인이에요. 왜 약을 먹고 주사를 맞아야 하는지도 많이 질문합니다. 엄마는 진단과 치료에 집중하다 보니 아이에게 어떻게 답해야 할지 말문이 막힐 때가 있어요. 저는 세균을 도둑에, 치료를 경찰 아저씨에 빗대어 자주 얘기해주었습니다.

• 꼭 알아둘 표현 •

1 너무 잘 했어! 많이 아팠지? 너무 용감해! 대단해!
You did it so well! It must have been hurting. You're so brave!

* 어떤 일을 잘 했다고 칭찬해줄 때 You did it so well!이나 Good job!을 잘 활용하면 됩니다.

2 주사바늘은 송송이 몸속에 약들이 빨리 들어갈 수 있게 도와주는 도구야. 세균을 없애려면 주사를 맞아야 해.
A shot helps medicine go into your body. You have to get the shot to remove germs.

* 세균을 의미하는 germ은 조금 어려운 단어처럼 보일 수도 있지만, 아이의 건강과 위생을 위해 꼭 기억할 표현입니다.

 음성 파일로 들어보세요!

• 더 알아둘 표현 •

3 너무 잘했어! 약을 너무 잘먹었네! 이제 조금 괜찮아 질거야.
Great job! You took all the medicine. You will feel much better, soon.

4 괜찮아. 누구나 다 아플 수 있어. 조금만 지나면 나을 수 있어.
Don't worry. Everyone gets sick sometimes. You will be all better soon.
   * 질병이 회복되고 몸이 좋아지는 것은 간단히 be/feel better로 표현할 수 있습니다.

5 송송이 몸속에 세균이 들어갔어. 어떤 세균이 들어갔는지 의사 선생님이 아셔야 해. 그래야지 맞는 약을 주실 수 있거든.
Songsong, you have some germs in your body. The doctor needs to check what kind of germs they are. Then, he can give you some medicine.
   * 의사가 몸 상태를 진단하는 것은 간단히 check으로 표현하면 됩니다.

6 의사 선생님이 송송이 배와 귀, 입안을 검사하실거야. 어디에 상처가 났는지 보시는거야. 걱정하지마.
The doctor will check Songsong's tummy, ears and inside of your mouth. He will see where it hurts. Don't worry.

피검사를 하거나 입원을 하여 링거주사라도 맞게 되면 아이의 자지러지는 울음과 저항 때문에 엄마들은 마음이 찢어지는 것 같습니다. 하지만 조금이라도 아이의 아픔이 덜할 수 있으려면 엄마는 설명을 해 주어야 합니다. 간단하나마, 아이의 눈높이에 맞게 아이를 납득시키는 표현들이 필요하지요.

7 주사를 맞을 수 있게 간호사분들이 송송이를 잡고 있을거야. 잠깐이면 돼. 움직이면 더 길어질 수 있어.
The nurses will hold you while you get your shot. It won't take long. Don't move, or it will take much longer.

✱ 주사는 injection이라고 표현할 수도 있지만 일상에서는 shot이라고 말합니다.

8 병원에 있으니 답답하지? 우리 조금만 나가서 걸어볼까? 내일이면 집에 갈 수 있어.
You feel bored in the hospital, don't you? Let's go out for a walk. Tomorrow we can go back home.

✱ '답답하다'는 상황에 따라 다양한 영어 단어로 표현됩니다. 일대일로 대응하는 한 단어를 찾지 말고 문맥에 맞게 표현하는 것이 중요합니다.

9 이건 주사바늘이야. 여기로 약도 넣을 수 있고 송송이 몸에 피도 뽑을 수 있어. 피에 세균이 있는지 검사도 하고. 손을 마구 움직이면 더 아플 수 있으니 침대에 내려놔 볼까?
This is the doctor's needle. It helps put medicine into your body or take blood sample. The sample will help the doctor check which kind of bad germs you have inside your body. Don't move your hands around, or it would be more painful. Please put your hands on the bed.

✱ '~해 그렇지 않으면 ~할 거야'라고 말할 때는 두 문장 사이를 or로 연결하면 됩니다.

10 이번에 송송이 몸에 세균들이 다 나왔는지 확인해야 우리 집에 갈 수 있어. 여기서 이틀밤 지낼거야. 엄마랑 아빠가 지켜줄거야.
When the doctor sees that all of germs are out of your body, we can go home. We will stay in the hospital for 2 nights. Mommy and Daddy will stay right here with you.

음성 파일로 들어보세요!

어느 멘토분의 말씀처럼, 아이가 아프면 아이의 건강과 체력에만 신경을 쓰게 되지만 그럴수록 엄마의 체력이 더 중요하더군요.
아이에게 좋은 것 먹이려고 애쓰는 만큼 엄마도 좋은 걸 먹어야 하고요. 해외에서 독박 육아하는 엄마들은 더더욱 고립되고 지치기 쉬워요. 남편이든 친정, 시댁이든, 가사도우미든, 그 누구든 꼭 도움을 요청하세요.

2 두렵지만 한 발자국만 더
오늘 새로운 놀이를 해볼까

들어가서 친구들과 놀이해 볼래?
Why don't you go inside and play with your friends?

 송송이는 두 돌 지나서부터 낯을 심하게 가리기 시작했습니다. 놀이센터에 가게 되면 처음 만나는 선생님들은 물론 또래 아이들과도 잘 어울리지 않으려고 했답니다. 놀이센터의 선생님이 남자 선생님이거나 본인한테 관심을 덜 주면 엄마의 다리를 붙잡고 밖으로 나가자고 울기도 하고 바닥에 드러누워 생떼를 부리기가 일쑤였어요. 엄마도 잠깐 쉬고 싶어서 온 건데 아이의 울음과 저항으로 진이 빠지는 날이 수두룩했답니다. 사회성 발달이 빨라지면서 이제는 제법 수업에 잘 참여하기도 하고 선생님과 떨어지기 싫어 꼭 안겨 있기도 하지요. 엄마가 갑자기 사라질까 두려워하는 아이를 안심시킬 수 있는 말들을 알아볼까요.

• 꼭 알아둘 표현 •

1 엄마가 밖에서 보고 있을게. 들어가서 친구들과 놀이해 볼래?
Mommy will be watching from outside. Why don't you go inside and play with your friends?

* 엄마와 떨어지기를 두려워하는 아이에게 '엄마가 보고 있을게'라고 하면 안심이 되겠죠. 이렇게 보는 것은 watch도 좋고 look at도 좋습니다.

2 오늘은 새로운 친구를 만났어? 이름은 뭐야? 다음에 또 같이 놀자.
Did you meet any new friends today? What are their names? You can play with them next time, too.

 음성 파일로 들어보세요!

• 더 알아둘 표현 •

3 오늘은 그림/체육 수업이야. 선생님께서 송송이 놀이하는 것을 도와주실거야. 걱정하지마.

You will have an art/gym class, today. The teacher will help you. Don't worry.

4 엄마가 밖에서 기다릴게. 수업 끝나고 맛있는 아이스크림 먹으러 갈까.

Mommy will wait outside. Let's go get some ice cream after the class!

✱ '~하러 간다'고 할 때 go와 get을 위 문장처럼 나란히 붙여 말하는 경우가 많습니다.

5 30분이나 운동을 했어? 너무 잘했어! 송송이 몸이 엄청 튼튼해질 거야!

You exercised more than 30 minutes! Great job! Now Songsong is much stronger than before!

✱ exercise는 '운동'을 가리키기도 하고, '운동하다'라는 동사로도 쓰입니다.

6 송송이 깔깔 웃고 재밌게 놀아서 엄마가 기분이 너무 좋았어. 잘했어.

Mommy is so happy because Songsong had a lot of fun! Great job, sweetie!

✱ 사랑하는 사람을 부를 때 쓰는 애칭 sweetie는 우리 아이들에게도 잘 어울립니다.

7 포기 안하고 끝까지 마무리한 거야? 너무 멋지다!

You never gave up! You made it! Awesome!

✱ 끝까지 해내거나 성공한다는 의미로 make it을 꼭 기억하고 활용해 보세요.

8 조금 무서웠는데 끝까지 해 내니까 좋지? 이렇게 조금씩 경험해보다보면 나중에는 훨씬 잘할 수 있어.

You were a bit scared first but never gave up and made it! If you try a little more every day, you will get much better later.

✱ 무서워하는 모습을 표현하는 단어도 여럿 있습니다. frightened, afraid, terrified, fearful 등 사전에 나오는 단어는 많습니다만, 가장 두루 쓸 수 있는 단어는 scared입니다.

Chapter·2
마음은 아파도 훈육은 단호하게

코로나 베이비였던 저희 아이는 사회성 발달이 매우 늦은 편이었습니다. 아이가 또래 아이들과 어울리지 못하면 엄마는 마음 편하게 놀이터 한번 나가지를 못해요. 육아로 고립되어 있던 엄마는 더 외로워지지요. 외로운 엄마가 극복해야 하는 더 큰 산이 있으니, 바로 훈육이랍니다. 집에서 시간을 주로 보내는 데다 문제행동까지 겹치면, 엄마는 훈육하고 후회하고 자괴감에 빠지기를 반복하게 되어요. 하지만 걱정하지 마세요! 아이가 이해하지 못하더라도 단호한 메시지를 반복하여 말해주고 일상의 규범을 알려주면, 아이는 어느 순간 기적처럼 변화합니다. 우리 함께 아이를 믿고, 아이를 사랑하는 마음을 담은 단호한 메시지를 전해보아요.

1 천방지축 아이에게
집에서도 이런 건 위험해

주방은 위험할 수 있어.
The kitchen can be very dangerous.

 어느날 이유식을 준비하고 있는 사이, 쿵! 하는 소리와 함께 아이의 울음소리가 들렸어요. 다급히 돌아보니 아이가 무거운 TV 밑에 깔려 있는 게 아니겠어요. 아이가 며칠 전부터 TV에 눈독을 들이더니 급기야 받침대를 잡아당긴 것이었어요. 다행히 받침대가 삼각모양으로 되어 있어 TV가 떨어져도 작은 공간이 생기다보니 아이에게 큰 상처나 골절은 없었습니다. 그 일을 겪은 후로는 "조심해", "위험해" 엄마가 되어버렸어요. 하지만, 어떻게 하면 거부감을 덜 느끼게 말해줄 수 있을까 매일 고민하게 된답니다.

• 꼭 알아둘 표현 •

1 주방은 뜨거운 물건이 많아서 위험해. 엄마를 거실에서 기다려 주겠니?
The kitchen has many hot things and can be very dangerous. Could you please wait in the living room?

　＊ 할 것과 하지 말아야 할 것을 말할 때는 Could you please ~?처럼 정중하게 표현하는 것이 좋겠죠.

2 뜨거운 물건은 절대 만지면 안 돼. / 전기 케이블은 절대 만지면 안 돼. / 전원 절대 켜면 안 돼.
Don't touch hot things. / Don't touch electrical cables. / Don't turn on the power.

 음성 파일로 들어보세요!

• 더 알아둘 표현 •

3 가스불을 불지 마. 다른 물건이 탈 수도 있어.
Don't blow on the gas fire. It can make other things catch on fire.

✱ 불이 붙는 것은 catch fire 혹은 catch on fire라고 합니다.

4 베란다로 나가고 싶을 때는 엄마를 꼭 불러. 베란다는 아이에게 위험해. 떨어질 수 있으니 절대 나가지 않을 거야.
If you feel like going out to the balcony, you must tell Mommy. It's dangerous for kids to play on the balcony. You should never go out to the balcony by yourself.

✱ 베란다를 가리키는 veranda라는 단어도 있지만, 우리에게 익숙한 아파트 구조의 베란다는 영어로 balcony라고 합니다.

5 국이 뜨거우니 후후 하면서 식혀보자.
The soup is very hot, so blow on it before you take a bite.

✱ take a bite는 한 입 먹어보거나 베어 무는 모양을 가리킵니다.

6 음식을 꼭꼭 씹어서 먹어보자. 목에 걸릴 수 있어.
Chew your food well before you swallow. Otherwise, it can get stuck in your throat.

✱ 음식을 '꼭꼭' 씹는 것은 chew well이라고 표현하면 됩니다.

부정적인 단어를 말하기는 너무 싫지만, 워낙 아이가 천방지축이라 낮은 톤의 "위험해"도 아닌 하이톤의 "위험해"를 매일 연발하게 되죠. 왜 위험한지 영어로 설명이 안 될 때 답답하기도 하지만, 급할 때는 우선 "It's dangerous. Don't do it."이라는 말부터 합니다. 아이가 억울해 하는 표정을 보면 어떻게 더 부드럽고 거부감 없이 말해줄 수 있을까, 더 많은 영어 표현을 익혀야겠다는 생각이 듭니다.

7 집에서 장난감 자동차 탈 때 천천히 다닐래? 너무 빨리 다니면 갑자기 엄마 아빠한테 부딪힐 수도 있어.

Could you please slow down your toy car inside the house?
If you drive too fast, you might hit Mommy or Daddy.

8 세탁기나 벽장 안으로 들어가지 않을 거야. 갑자기 문이 닫히면 엄마가 찾기도 어렵고 숨쉬기 힘들어져.

Don't go into the washing machine or a closet. If the door shuts accidently, Mommy can't find you and you can't breathe well.

9 모기기피제나 향수는 뿌리면서 놀이하는 게 아니야. 이건 아이들에게 위험한 물건이야.

Don't spray mosquito repellent or perfume for fun. They are not toys, and they have chemicals that can make you feel sick.

*   ✱ 화학물질은 chemical이라고 하면 됩니다. 독성을 표현하는 단어로 toxic도 있습니다만, 여기서는 쉽게 '몸을 아프게 할 수 있는 물질(chemicals that can make you feel sick)'이라고 말했죠.

10 욕조에서는 미끄러져 넘어질 수 있으니 비누를 바닥에 두지마. 꼭 비누통에 넣어야 해.

Please don't put the soap on the floor of the bathtub. You might slip and fall down into the water.

아이가 안정된 애착을 형성하지 못할까 엄마는
노심초사하게 됩니다.
하지만 안 된다는 사실을 가르쳐 줄 때는
단호하게 표현해야 한다고 생각해요. '훈육은
부모만이 할 수 있는 일이다'라는 어느 전문가의
말을 곱씹어 보았으면 합니다.

1 천방지축 아이에게
밖에서는 더더욱 조심하자

> 순서대로 올라가자. 친구들을 밀지 말고.
> **Please go up one by one. Don't push your friends.**

 놀이터의 아이들은 들판에 나온 망아지들 같아요. 이리 뛰고 저리 뛰고, 가끔 중학생 정도 되는 형아들도 합류하여 신나게 놀곤 한답니다. 아무리 큰 아이들과 함께 놀아도 사고는 순식간에 발생하게 되니, 뒤를 쫓아다니며 잔소리를 하게 되지요. 혹시라도 어린 아이들을 괴롭히려 했던 큰 아이들에게 경각심을 불러 일으키는 효과도 있습니다. 아이 귀에 못이 박히도록 하는 잔소리 리스트를 알아볼까요.

• 꼭 알아둘 표현 •

1 순서대로 올라가자. 친구들을 밀치면 위험해. 천천히 움직여.
Please go up one by one. Don't push your friends. It's dangerous.

✱ '차례차례', '한 사람씩'은 one by one, one after another라고 합니다.

2 거리에서 엄마 손을 꼭 잡아야 해. 길을 건널 때 손을 들고 엄마랑 같이 건너자.
You must hold Mommy's hand tightly on the sidewalk. Hold Mommy's hand and raise your other hand up when you cross the street.

✱ 손을 드는 모양은 raise로 표현하면 되는데, 뒤에 up을 붙여도 좋고 빼도 좋습니다.

 음성 파일로 들어보세요!

• 더 알아둘 표현 •

3 친구한테 물건을 던지면 위험해. 조심조심 건네주자.
Don't throw things to your friends. It's very dangerous. Pass them gently instead.

4 친구를 잡을 때 가볍게 잡자. 친구의 팔이 아플 수 있어.
When you grab your friend, please grab very gently. Otherwise, your friend's arm can hurt.

　＊ '조심조심', '부드럽게'는 쉽게 gently로 표현할 수 있습니다.

5 에스컬레이터에서 절대 뛰지 않아. 노란선은 밟지 말고 손잡이 꼭 잡아야 해.
Don't run on the escalator. And don't step on the yellow line. Please hold onto the bar tightly.

6 엘리베이터 문에 기대지 않아. 조금 멀리 떨어져 있자.
Don't lean on the elevator door. Let's stay a bit farther from the door.

　＊ far의 비교급에는 farther와 further가 있습니다. 보통 물리적인 거리를 말할 때는 farther를 활용합니다.

7 문이 열리면 빨리 들어가야 해. 아니면 문에 끼일 수 있어.
When the elevator door is open, we should get in quickly. Otherwise, we can get stuck between the doors.

 가끔 아이가 엄마 근처에 오지 말고 멀리서 보고 있으라고 할때도 있답니다. 그럴때면 '우리 아들 벌써 이렇게 컸네'하는 생각과 함께 서운한 마음이 들기도 하지요. 그래도 혹시라도 모르는 위험상황을 대비해서 항상 주변에서 보고 있어요. 이게 엄마 마음이겠죠.

8 앞을 보고 킥보드/자전거 타야 해.
Look straight ahead when you ride a scooter/bicycle.

✱ 엘리베이터에서 비행기까지, 타는 것은 모두 ride로 표현할 수 있습니다.

9 똑바로 걸어볼까.
Let's **walk straight**.

10 빨간색/주황색 신호등 때 건너지 않아.
Don't cross the street **when the traffic light is red or orange**.

11 엘리베이터에서 버튼은 한 번만 누르자. 쿵쿵 뛰지 않아. 고장날 수 있어.
Please press the elevator button only once. **Don't jump up and down**, or it might get broken.

✱ 여기서도 or는 '그렇지 않으면'이라는 뜻입니다.

12 엘리베이터/지하철 앞에서 엄마를 잡아당기지 않아. 문에 기대지 않아. 조금 멀리 떨어져 있자.
Don't pull Mommy in front of the elevator door/subway door. **Don't lean on the door.** Let's stay a bit farther away from the door.

13 자동차들이 아이들을 잘 볼 수 없어. 아직 어린이라 잘 안보이거든. 거리에서 꼭 엄마랑 손잡고 다녀야 해.
Cars can't see children very well because you are still little. So you must hold Mommy's hand in the street.

음성 파일로 들어보세요!

두 돌쯤 되면 아이는 엄마와 사사건건 부딪히기 시작해요.
"엄마 말을 안 들으면 어떻게 되는지 몰라? 너 어디 한번 사고 내볼래"라는 식으로 표현하면, 아이는 부모의 의도가 무엇인지 이해하기 힘들어해요.
두 돌부터 세 돌 사이 아이에게 엄마의 훈육이 효과를 보기는 어렵죠. 그래도 외출을 하게 되는 날은 아이가 알아듣지 못하더라도 여러 번 규칙을 말해주는 편이에요.

1 천방지축 아이에게
엄마가 안 보이면 이렇게 말하자

낯선 사람을 따라가면 안 돼.
Never follow a stranger.

 최근에 이사 온 아파트 단지 놀이터에서 아이를 잃어버린 적이 있었답니다. 아이들이 우르르 한 아이를 쫓아 놀이터를 완전히 벗어나 버린 것이었어요. 다른 아이들은 놀이터로 돌아왔는데 송송이만 찾을 수가 없었어요. 엄마들과 아이의 이름을 부르며 뛰어다니는데, 한 아이 엄마한테서 전화가 왔습니다. 경비아저씨와 함께 있는 송송이를 발견했다고 하셨어요. 눈물이 왈칵 났습니다. 다행히 아이는 경비아저씨에게 가서 엄마를 기다리며 울고 있었어요. 엄마를 잃어버리지 않게, 어떻게 아이에게 말해야 할지 알아보겠습니다.

• 꼭 알아둘 표현 •

1 유치원에서는 엄마나 아빠랑만 같이 집에 갈 수 있어. 다른 사람을 따라가면 안 돼.
When the day at kindergarten is over, you should go home only with Mommy or Daddy. Never follow a stranger.

✱ follow는 참 쓰임이 많은 단어입니다. 규칙을 따르거나 관심을 좇는 것, 사람을 따라가는 것 모두 표현할 수 있어요.

2 혹시 엄마가 안보이면 꼭 경비 아저씨나 경찰 아저씨를 찾아야 해. 그분들이랑 있으면 엄마가 찾을 수 있어.
If you can't find Mommy, please find a security guard or a police officer. If you stay with them, Mommy can find you.

✱ 경비나 수위아저씨는 security 혹은 security guard라고 하면 됩니다.

 음성 파일로 들어보세요!

• 더 알아둘 표현 •

3 절대 놀이터를 벗어나면 안 돼. 친구들을 따라가더라도 엄마가 보이는 곳까지 가야 해.
Don't leave the playground. You can follow your friends but only go as far away as you can still see Mommy.

* 어떤 장소에서 떨어져 있는 상황은 away로 간단히 표현할 수 있습니다.

4 경비 아저씨/경찰 아저씨한테 "엄마가 안보여요. 찾아주세요." 꼭 이렇게 얘기해보자. 그리고 이 카드를 보여줘.
Tell a security guard or a police officer "I can't find my Mommy. Please help me find my Mommy." And show this card.

5 우리 집은 ABC콘도, C동 202호야. 꼭 기억해야 해.
Our address is unit 202, Building C, ABC Condo. Remember it.

* 주소를 말할 때 우리말 몇 '호'는 unit으로 표현합니다. '몇 호입니까?'라고 질문하려면 간단히 Which unit?이라고 하면 됩니다.

해외에서는 실종아동 방지를 위한 지문등록은 거의 불가능합니다. 그러니 아이를 잃어버리면 도움을 구할 길이 막막하지요. 외국인일 경우 경찰인력을 동원하기도 어렵고 복잡한 절차를 거치다 보면 골든 타임을 놓칠 수가 있어요. 아이의 연락처와 이름을 적은 카드를 목에 매어주지만 불안한 마음은 금할 길이 없습니다. 엄마와 떨어지게 되면 어떻게 해야할지 아이에게 단단히 일러 두는 것이 중요합니다.

6 엄마가 안보이면 "엄마! 저 여기 있어요!"라고 크게 소리쳐야 해. 알겠지?
If you can't find Mommy, shout "Mommy! I'm here!" loudly. Do you understand?

7 우리는 항상 놀이터에서 만날 거야. 엄마가 안 보이면 놀이터로 와. 엄마도 송송이가 안보이면 놀이터부터 찾을게.
We will always meet at the playground. If you can't find Mommy, come to the playground. If I can't find you, that's

where I will go.

8 대부분 어른들은 좋은 사람이지만 안 그런 사람들도 있어. 그러니 밖에서는 엄마와 손잡고 다니는 거야. 엄마는 송송이를 보호하고 잘 클 수 있게 도와야 해.
Most adults are friendly, but some are not. So you must hold Mommy's hand outside. Mommy will protect Songsong and help Songsong grow up safely.

✱ '좋은 사람'을 말할 때는 good이나 nice도 잘 어울리지만, 친절하다는 의미인 kind도 좋고, 여기처럼 friendly도 잘 어울립니다.

9 큰 아이들이 뛰어 가는 곳을 따라가면 안돼. 꼭 엄마랑 같이 가야 해. 위험할 수 있어.
Don't follow any big kids. You should always go with Mommy, or it could be dangerous.

✱ 여기서 or는 '그렇지 않으면 ~한다'라는 뜻입니다.

아이들은 활동량이 많은 이유인지 도무지 엄마 아빠의 손을 잡고 다니지 않아요. 사람들이 인산인해를 이루는 대형 쇼핑몰이나 공원에서 아이를 잃어버리기 십상이죠.
눈 깜빡할 사이에 아이가 사라지면 부모는 최악의 상황을 걱정하며 아이를 찾아 나섭니다.
아이를 찾게 되면 꼭 안아주세요.
놀란 가슴 다독여주세요.

1 천방지축 아이에게
물건을 던지는 건 안 돼

물건을 던지면 다른 사람이 다칠 수 있어.
If you throw things, you might hurt other people.

 육아하는 엄마에게는 항상 분노버튼이 숨어있지요. 특히 아들을 키우는 엄마들은 더욱 그렇습니다. 아이의 과격한 행동 앞에 저는 쉽게 인내심을 잃었습니다. 다들 그러시겠지만, 저는 익숙지 않은 잡음이나 싸우는 소리, 과격한 행동들을 보면 심장이 벌렁거리기 시작합니다. 회사에서 일할 때는 언제나 대노한 부장님이나 상무님들이 계셨지만, 업무의 일부라 생각하니 마인드 컨트롤이 가능했어요. 하지만 내 사랑하는 자식이 물건을 던지고 바닥에서 생떼를 부리면 엄마는 화가 치밀어 오르게 됩니다. 아이가 생떼를 부릴 때마다 마음을 다잡기 힘든 분들에게 다음 표현들을 권해봅니다.

• 꼭 알아둘 표현 •

1 장난감이나 물건을 던지면 옆에 있는 사람을 다치게 할 수 있어. 이건 위험한 행동이야.
If you throw things, you might hurt other people. Throwing is dangerous.

2 뾰족한 물건들은 다칠 수 있어. 위험한 물건은 갖고 놀지 않을 거야.
Sharp objects can hurt you. Don't play with dangerous things.

* '물건'이나 '물체'를 일반적으로 가리키는 말이 object입니다. thing은 모호한 단어이기는 합니다만, 아이의 눈높이에 맞춰 '~한 것'을 표현하기에 적절합니다.

 음성 파일로 들어보세요!

• 더 알아둘 표현 •

3 바닥에 장난감을 던지면 소리가 크게 나지. 아래층에 사는 분들이 불편해져. 바닥에 던지면 안 돼.

If you throw toys on the floor, it makes a loud noise. People living downstairs may be bothered by the sound. Don't throw toys on the floor.

✱ 성가시고 짜증스러운 기분은 be bothered로 표현하면 적절합니다.

4 친구 얼굴에 공을 던지면 위험해. 얼굴은 아주 소중하고 쉽게 아플 수 있어.

Throwing balls at your friend's face is dangerous. Our faces are important and can get injured easily.

5 물건을 발로 차는 건 예의 없는 행동이야.

Kicking things with your foot is rude. Use your hands to pass things to other people.

아이가 생떼를 부릴 때마다 '지금 제대로 가르치지 않으면 망나니가 된다'와 '크면 나아지겠지. 아이에게 훈육은 상처를 줄 수 있다' 사이에서 갈팡질팡하게 되죠. 아이를 혼낸다 해도 아이가 엄마 말을 알아듣는지 확인하기 어렵고, 무서운 엄마의 모습에 상황만 모면할 뿐 문제 행동이 더 나빠지는 것은 아닌지 걱정이 이만저만이 아니었답니다. 결국 느리지만 효과적인 방법은 정확하고 변하지 않는 가이드라인을 주는 것이었어요. 처음에는 아이가 이해하지 못했지만 하루하루 커 갈수록 스스로 이유도 물어보며 엄마의 요구를 납득하는 듯 보였습니다.

6 물건을 창문 밖으로 던지면 절대절대 안 돼. 이건 매우 위험한 행동이야. 아래에 있는 사람들한테 떨어지면 병원에 가야 해.

Don't ever throw things out of the window. It's very dangerous. If toys hit people on the ground, they could go to the hospital.

7 놀이터에서 놀 때는 놀이기구를 꼭 잡고 움직일 거야.

When you play on the playground, you should hold tightly all the bars.

✱ 여기서 bar는 놀이기구를 이루고 있는 쇠막대 같은 것을 말하죠. 뭔가를 '꽉' 잡는다고 할 때 tightly가 잘 어울리는데, '잡다'는 hold 대신 hold on to라고 표현하기도 합니다.

8 뛸 때는 밑에/앞에 뭐가 있는지 봐야 해.

When you run, you must watch what are in front of you / what are under you.

✱ 앞에 무엇이 있는지 주의해서 보는 것이므로 look, see보다 동사 watch가 잘 어울립니다.

9 장난감을 천천히 움직여보자. 몸도 천천히 움직여봐. 너무 빨리 움직이면 벽에 부딪힐 수 있어.

Move your toys slowly. Move your body slowly, too. If you move too fast, you might hit walls.

아이가 장난감을 던지면 화가 치밀어 오르는 저를
발견하게 돼요. 무서운 표정과 날카로운 언성으로
아이를 훈육해 보죠.
아이들은 두려움에 문제행동을 그만하지만 다시
반복할 때가 많아요. 육아전문가분들의 조언처럼
침착하게 말하려고 노력 중입니다.
"왜 화가 나는지 말해 줄래? 장난감이 맞춰지지
않아서인지 아니면 색상이 달라서인지. 화난다고
장난감을 던지면 절대 안 돼." 이렇게요.

1 천방지축 아이에게
선생님께 꼭 인사하자

> 친구를 만나면 인사하자.
>
> **When you see your friends, you should say hi.**

해외에서 살다 보니 기본중의 기본인 예절교육이 힘들 때가 많아요. 영어는 존대하는 표현이 한국어처럼 많지 않아서, 아이가 영어로 하는 말들이 예의 없는 말처럼 느껴질 때가 많아요. "이건 버릇없는 말투야. 예의 바르게 말해보자"라고 말하면서도, 정작 아이가 쓸 수 있는 예의 바른 표현을 알려주기가 만만치 않습니다. 게다가 남자아이들은 놀이에 정신이 팔려 선생님, 친구와의 인사를 종종 잊기도 하지요. 인사는 고사하고, 부모한테도 친구에게처럼 말하는 경우를 봅니다. 그럴 때면 동방예의지국의 부모는 참을 수가 없지요. 친구들과 놀 때도 왜 친구가 속상한지 전혀 모른 채 상처를 주는 말을 할 때도 있어요. 아이가 따라할 수 있는 예의 바른 영어 표현들을 알아보겠습니다.

• 꼭 알아둘 표현 •

1 선생님/친구 얼굴보고 인사하자.
When you see your friends, you should say hi.

  ＊ 인사를 하는 것은 쉽게 say hi라고 합니다. 윗사람에게 인사하는 것도 그렇게 말할 수 있어요. 좀 더 격식을 차린다면 greet을 활용해 You should greet your teacher.처럼 말할 수 있죠.

2 아빠, 재밌는 장난감 사주셔서 감사해요. 얘기해볼까?
How about saying to Daddy, "Thank you for buying me the toy."

음성 파일로 들어보세요!

• 더 알아둘 표현 •

3 선생님한테 "감사합니다" 라고 해볼까.
Could you please say "Thank you" to the teacher?

4 엄마, 맛있는 요리 해주셔서 감사해요. 얘기해보자.
How about saying to Mommy, "Thank you for cooking for me."

5 "그만!" "싫어!"라는 말 대신, "조금만 기다려 주세요"라고 해볼까.
Why don't you say, "Could you please wait for a minute?" instead of saying "Stop! Stop" or "No, No!"

6 송송이가 "넌 나의 베스트 친구 아니야"라고 하면 친구가 속상하지. "우리 같이 재밌게 놀자" 얘기해볼까.
If Songsong says "You're not my best friend," your friend will feel bad. How about saying "Let's play together!" instead?

7 "나한테 줘!" 이렇게 얘기하지 말고 "내가 갖고 놀아도 될까?" 이렇게 얘기하자.
Instead of saying "Give it to me!" please say "Can I play with it?"

8 친구의 마음을 배려하지 않는 아이는 환영받지 못해. 예의 있게 말해보자.
If you're unkind to your friend, you will not be welcome. Let's use good manners.

* 예의 바른 태도를 말할 때 manners처럼 복수형으로 써야 합니다. 우리말로는 예의 바른 모습을 보인다고 하지만 영어로는 good manners를 활용한다는 의미로 use를 씁니다.

9 송송이가 소리를 질러서 민이가 놀라서 울고 있어. "너무 미안해"라고 얘기해보자.
Because Songsong shouted at Min, she felt scared, and now she's crying. Could you say "I'm so sorry" to her?

1 천방지축 아이에게
감사의 마음을 전해보자

Thank you, Please 같은 매직 단어들을 써 보자.

Let's use the magic words, "Thank you" and "Please."

아이는 눈에 넣어도 아프지 않을 소중한 존재이지만, 예의없이 말하면 엄마, 아빠도 화가 나게 되지요. 집밖을 나가면 관리사무소 직원분들, 환경미화원 분들, 택시기사 분들, 유치원 선생님 등 아이의 즐겁고 안전한 생활을 위해 도와주시는 분들이 매우 많습니다. 그런 분들 앞에서 버릇없는 말이나 행동을 보이면 안 되지요. 영어로 배려와 감사의 마음을 전할 수 있는 표현들을 알아볼까요?

• 꼭 알아둘 표현 •

1 필요한 물건이 있으면 부탁할 수 있어. 그럴때는 Thank you, Please 같은 매직 단어들을 써 보자.

You can ask a favor. When you do, let's use the magic words, "Thank you" and "Please."

※ 실제로 Please, Thank you, I'm sorry, Excuse me 등을 magic words라고 하지요. 이런 단어들은 듣는 사람을 기분 좋게 하거나 덜 화나게 하는 '마법'을 부릴 수 있기 때문입니다. 아이들에게 이런 magic words를 사용하도록 가르치는 것은 매우 중요합니다.

2 이건 예의바르지 못한 행동이야. 우리는 사람들을 대할때 항상 예의바르게 얘기해야 해.

Those are bad manners. We must use good manners when we talk to others.

음성 파일로 들어보세요!

• 더 알아둘 표현 •

3 송송이 선생님한테 인사했어? 잘했어! "감사합니다" 말하면 누구든지 기분좋고 송송이를 도와주고 싶어져.

Songsong, did you say "Thank you" to your teacher? Good job! When you say "Thank you", everyone feels great and wants to help you more.

4 필요한 물건이 있으면 스스로 가져오도록 해. 엄마의 도움이 필요하면 "도와주실 수 있나요?"라고 말하는거야.

If you need something, try to go get it by yourself. If you need Mommy's help, you can say, "Could you please help me?"

 "Water, Mommy, water!"라고 아이가 말을 하면 저는 바로 "어떻게 얘기를 해야 되지? What is your magic word?"라고 반문합니다. 그러면 아이가 약간 시무룩하게 "Could I have a cup of water?"라고 답하기도 한답니다.

5 어른에게 지시하듯이 말하지 않아. "… 해주실 수 있나요? 도와주실 수 있나요?" 이렇게 도움을 요청하는 거야.

Don't be demanding when you're talking to adults. Always say "Could you please…?" or "Could you help me?"

＊ demand가 요구한다는 뜻이므로, 어른에게 마치 요구하듯 말하지 말라는 의미입니다.

6 아빠가 하루종일 일을 많이 하고 집에 오셨어. "아빠 보고 싶었어요! 사랑해요!"라고 말해볼까?

Daddy came back home after working all day. How about saying "Daddy, I missed you so much! I love you."

2 마음은 아파도 단호하게
음식은 식탁에서 먹는 거야

> 의자에 앉아서 밥을 먹을 거야.
> **We sit in our chair when we eat.**

아이가 이유식을 자주 거부해 초보엄마인 저는 아주 큰 난관에 부딪혔답니다. 이유식 책을 보면서 똑같이 따라해도 아이는 단호하게 고개를 돌려버렸지요. 아이가 음식을 잘 먹지 않으면 그보다 괴로운 일이 없습니다. 하루의 시작인 식사에서 삐걱거리면 엄마는 불편한 마음으로 하루를 시작하게 됩니다. 두 돌이 지나 식탁에 앉기 시작하니 식사시간은 그야말로 난장판이 되었어요. 아이가 5초도 앉아 있지 못하고, 걸어 다니고 누워있고, 밥과 반찬은 신경도 쓰지 않았어요. 하루 종일 음식을 안 먹다 자기전이 돼서야 배고프다며 밥을 달라고 하기가 일쑤였습니다. 아이의 식사습관에 필요한 말들을 알아볼까요.

• 꼭 알아둘 표현 •

1 의자에 앉아서 밥을 먹을 거야. 돌아다니지 않아. 의자에 똑바로 앉아보자.
We sit in our chair when we eat. Don't walk around. Let's sit in the chair.

　✱ 의자 '위에' 앉지만 on the chair보다 in the chair가 자연스럽습니다. 침대에 눕는 경우에 lie in bed라고 하는 것과 마찬가지입니다.

2 밥 먹기 전에 손을 꼭 씻어야 해. 세균이 입에 들어갈 수 있어.
We should wash hands before we eat. Otherwise, germs can get into our tummies and make us sick.

음성 파일로 들어보세요!

• 더 알아둘 표현 •

3 숟가락/포크로 음식을 먹어야 해. 손으로 먹지 않아.
We must use a spoon or a fork to eat our food. Don't use your hands.

4 입에 음식이 있을 때 말하면 안 돼. 꼭꼭 씹어보자.
Don't talk with your mouth full. Chew well and swallow before you talk.

✱ Don't talk with your mouth full.은 음식을 먹으면서 말하지 말라고 할 때 가장 일반적으로 쓰는 문장입니다.

5 "엄마, 물을 건네 줄 수 있어요? 감사해요" 이렇게 얘기해볼까?
How about saying, "Mommy, could you please pass me the water? Thank you."

6 과자를 돌아다니면서 먹지 마. 부스러기가 바닥에 다 떨어져.
Don't eat cookies while you're walking around. There are crumbs all over the floor.

✱ crumb이 부스러기를 뜻하고, crumble은 부스러진다는 뜻의 동사입니다.

만 3세가 지나면서부터 식사습관 훈육을 시작했지만 만 5세가 되어가는 지금도 밥 먹을 시간이 되면 저의 잔소리가 끊기질 않아요. 엉덩이에 못이 박혔는지 앉아 있지를 못하는 아이를 보면 화가 치밀지요. 식사 습관 때문에 많이 혼내기도 하고 이미 여러 어려움을 겪었지만, 아직도 훈육은 진행 중이랍니다. 아직도 매일 "inner peace"를 외치면서 심호흡을 하는 엄마입니다.

7 음식을 다 먹은 그릇은 싱크대에 가져다 줘.
Bring the dishes to the sink after you finish eating.

8 야채도, 고기도, 밥도 같이 꼭꼭 씹어서 먹자. 편식하면 배 안에 있는 요정이 너무 배고파져.

Eat your vegetables, meat and rice. If you become a picky eater, the fairies in your tummy will be very hungry.

✱ 편식하거나 입이 짧은 사람은 '까다롭다'는 뜻을 지닌 picky를 활용해 picky eater라고 합니다.

9 우리가 이 요리를 먹을 수 있게 많은 분들이 도와주셨어. 남기지 말고 먹어보자.
Many people helped us cook this food. Thank them and let's not leave any food on your plate.

✱ 음식을 남기지 않고 먹는다고 할 때 기억할 동사는 leave입니다. '접시 위에 음식을 남기지 말라'고 말하면 남기지 말고 먹으라는 의미가 되죠.

10 밥을 다 먹어야지 간식을 먹을 수 있어.
You can have dessert after finishing your meal.

✱ 간식은 snack이라고 표현할 수 있지만, 여기서는 식사 후에 먹는 과자나 아이스크림 등일 터이니 dessert가 더 어울립니다.

11 스스로 너무 잘 먹었네! 잘 했어!
Wow! You ate it all by yourself! Great job!

음성 파일로 들어보세요!

밥을 잘 먹고, 잠을 잘 자고, 배변 훈련까지 마치면 엄마는
육아의 큰 어려움을 덜게 되지요. 그 중에 식사예절과 스스로
밥 먹기는 저에게 너무 힘든 과정이었어요.
아이가 밥 한 숟가락 먹고 돌아다니기 시작하면 "엄마가 몇
번이나 얘기했어!"라고 언성이 높아집니다.
다시 심호흡을 하고 육아 프로그램에서 배운 대로 말해봅니다.
"아직 어렵구나. 그래도 식탁에 앉아 밥을 먹어야 해."

2 마음은 아파도 단호하게
친구를 밀치면 안 돼

> 친구를 때리는 건 절대 안 되는 거야.
> **Hitting your friend is never okay.**

 특히 남자아이들은 두 돌 지나면 공격성을 나타내기 시작합니다. 아기 같던 예전 모습과 달리 갑자기 돌변하는 경우가 많아요. 문화센터, 놀이터 등에서 또래 친구들을 만날 수 있는 기회가 생겨도 아이의 공격성 때문에 엄마는 항상 마음을 졸이고 있게 됩니다. 내 아이가 친구를 밀치거나 아프게 하면 부모는 너무 죄송하고 하루 종일 손에 일이 잡히지 않지요. 다행히 저희 아이는 유치원을 다니고 나서부터 사회성 발달이 빨라지고 매너가 있는 어린이로 성장하고 있어요. 예의 바른 아이로 키우기 위해 매일 반복하는 표현들을 알아볼까요.

• 꼭 알아둘 표현 •

1 친구를 밀치면 안 돼. 때리는 건 절대 안 되는 거야. "미안해"라고 얘기하자.
Don't push your friend. Hitting your friend is never okay. Tell your friend that you're sorry.

★ '~은 절대 받아들여질 수 없다'는 ~is never okay라고 표현할 수 있습니다.

2 놀이터에서 순서를 지켜야 해. 친구가 한 번, 송송이가 한 번. 친구가 놀이를 끝낼 때까지 기다리자.
You must wait your turn at the playground. First your friend goes, and then you go. Let's wait until your friend finishes their turn.

★ '순서'는 turn으로 표현하면 됩니다.

 음성 파일로 들어보세요!

• 더 알아둘 표현 •

3 엄마/아빠/가족도 때리면 안 돼. 그건 가족이라도 화나게 되는 행동이야.
Don't hit even Mommy or Daddy. Hitting makes family angry, too.

4 친구에게 소리지르면 안 돼. "나한테 돌려줄 수 있어?" "나도 해보고 싶어" 이렇게 얘기해보자.
Don't yell at your friends. Let's say "Can I have it back?" or "I would like to try it, too."
* 어떤 사람을 향해 소리를 지르는 것이므로 전치사 at을 활용해 yell at이라고 말합니다.

5 물건을 뺏으면 안 돼. "내가 만져봐도 될까?" 물어보고 기다리는 거야.
Don't take things from your friend. Ask "Can I play with it?" first.

6 "난 아직 이 장난감을 함께 가지고 놀 준비가 안됐어. 조금만 기다려 볼래?" 라고 얘기해보자.
Why don't you say, "I'm not ready to share my toys yet. Can you wait a little bit?"

나라마다 아이들을 대하는 부모의 태도도 많이 다르더군요. 중국계, 인도계 부모들은 아이들이 조금 투닥거려도 크게 신경쓰지 않는 편이랍니다. 말레이시아나 인도네시아 부모들은 아이들을 매우 좋아하고 잘 놀아주는 편이며, 식당이나 공공장소에서 아이들이 실수하거나 울더라도 크게 혼내지 않아요. 하지만 싱가포르나 유럽 부모들은 공공장소 예절에 대해 엄격한 편이고, 질서를 안 지키는 아이 부모에게 화를 내기도 합니다.

7 "오늘 너무 재미있었어. 내일 또 만나" 이렇게 얘기해볼까?
Tell your friend, "I had a lot of fun today! Let's meet up again tomorrow!"
* 동사 하나만으로도 충분할 것 같은데, up을 붙여 구동사를 만들어 쓰는 경우를 자주 보게 됩니다. 여기 나오는 meet up도 마찬가지죠.

8 "장난감/간식을 나눠줘서 고마워"라고 말해볼까?
How about telling your friend, *"Thank you for sharing your toys/snacks with me"*?

9 친구가 송송이를 밀치고 소리지르면 송송이도 기분이 나쁘지? 이런 행동을 하면 사람들과 행복하게 지낼 수 없어. 매너가 없는 행동은 친구들도 어른들도 멀리하게 만든단다. 항상 매너 있게 행동하도록 하자.
If your friend pushes you or yells at you, how does that make you feel? You feel upset. If you push or yell, you can't live happily with other people. *These behaviors will make people want to stay away from you.* Always use good manners.

10 친구들을 아프게 하는 건 나쁜 행동이야. 다음에 더 조심해보자. 우리 매일 더 나아지는거야.
It's bad behavior to hurt your friends. Be more careful next time. We're getting better every day.

11 친구가 송송이의 행동 때문에 많이 속상했어. "괜찮아"하고 물어볼까? 다음에는 친구마음이 속상하지 않게 친절하게 말해보자.
Your friend is upset because of your bad behaviors. Why don't you ask her if she feels better now? *Use nicer words next time.*

음성 파일로 들어보세요!

두 돌, 세 돌 되는 아이들을 놀이터에 데리고 가면 그야말로 엄마는 "안 돼! 하지 마!"를 연발하게 되지요. 특히 다른 친구를 밀치게 되면 부모들은 매우 심각해집니다. 육아 관련 전문책들을 읽고 제가 늦게 깨달은 포인트는 바로 '누구도'를 훈육에 추가하는 것이었어요.
"누구도 사람을 밀치면 안 돼."
'누구도'를 넣어 말해야
부모가 특정한 누군가를 편들지 않는다고 생각한다는군요.

2 마음은 아파도 단호하게
TV는 이제 그만

> TV는 20분만 볼거야.
> **We will watch TV only for 20 minutes.**

 엄마들이 가장 힘들어 하는 부분이 영상시청과 관련된 훈육이 아닐까 싶습니다. 삼시세끼를 준비하고 먹이고 집안일까지 도맡아 하는 엄마에게는 시간이 필요하지요. 특히 뜨거운 요리를 하고 있는데 아이가 주방에서 이것저것 주방도구와 음식재료들을 만지기 시작하면 아이에게 신경을 안 쓸 수가 없습니다. 결국 30분씩 보여주던 TV가 한 시간이 넘어가게 됩니다. 너무 오래 보여주면 안 될 것 같아 TV를 끄면 아이의 분노는 최대치에 도달하지요. 물건을 던지고 소리지르고 엄마를 때리기도 한답니다. TV를 오래 보면 안 좋은 점에 대해 설명해도 이해할 리가 만무합니다. 영상시청과 관련해서 해줄 수 있는 말들을 알아볼까요?

• 꼭 알아둘 표현 •

1 TV는 20분만 볼 거야. 그 뒤에는 엄마가 TV를 끌 거야. 다른 놀이를 하자.
We will watch TV for 20 minutes. After 20 minutes, Mommy will turn off the TV. Let's do something else.

2 이 프로그램은 송송이가 보기에 적합하지 않아. 다른 프로그램으로 바꿔줄게.
This program isn't appropriate for Songsong to watch. Mommy will change it to another one.

* 적합하지 않다는 말은 is not for ~, is not appropriate for ~, is not fit for ~와 같이 표현할 수 있습니다.

• 더 알아둘 표현 •

3 TV 보고나면 눈이 아플 수 있으니 멀리 건물을 보고 20까지 세어볼까?
Watching TV can make your eyes hurt. Let's look at the buildings far away and count to 20.

4 TV를 많이 보면 눈과 머리가 아플 수 있어. 아직 송송이는 아이라서 TV를 오래 보면 안 돼.
If you watch TV too long, your head and eyes can hurt. Since Songsong is little, you shouldn't watch TV too long.

5 TV를 끄면 떼쓰고 소리지르지 않을거야.
Mommy will turn off the TV. No whining or shouting.

✱ whine은 아이가 칭얼거리는 모습을 부정적으로 묘사하는 단어입니다. 강아지가 낑낑대는 모습을 표현하는 말이기도 하죠.

6 오늘은 어떤 애니메이션 보고 싶어? 페파피그 어때?
What kind of cartoons would you like to watch today? How about Peppa Pig?

✱ 우리는 애니메이션이라고 부릅니다만 영어로는 animation보다 cartoon이 더 일반적입니다.

7 밥 먹을 때는 TV를 안 볼거야.
When we're eating our meals, we will not watch TV.

8 TV를 많이 보면 머리속이 popcorn brain으로 돼버려. 팝콘은 아이디어를 만들 수 없지? 우리 더 재밌는 놀이를 찾아보자.
If you watch TV too long, your brain will become a popcorn brain. Can popcorns make ideas? No. Let's do something more interesting.

✱ 팝콘이 바로 튀어 오르는 것처럼 즉각적인 반응에만 익숙해지고 오프라인에 적응하지 못하는 상황을 popcorn brain이 된다고 말합니다. 아주 일반적인 용어는 아닙니다만 아이들에게 장시간 TV 시청이나 스마트 기기 사용의 유해성을 설명하기에 적절한 표현인 듯 싶습니다.

2 마음은 아파도 단호하게
세균아 이제 안녕

밖에서 들어오면 손을 꼭 씻어야 해.
Wash your hands when you get back home from outside.

코로나 사태가 터지기 전에는 사람들이 많이 모여있는 장소에 가더라도 마스크를 쓰지 않았습니다. 아이가 감기에 걸려도 '그럴 수 있지'라는 생각뿐이었죠. 하지만 코로나가 발생한 후, 아이가 마스크를 쓰는 일부터 손청결을 유지하는 일, 그리고 아이 손이 닿는 모든 물건들을 닦고 소독하는 일들이 쉽지가 않았답니다. 특히 아이에게 세균이라는 존재를 알게 해주는 것이 가장 어려웠어요. 세균이나 바이러스를 나쁜 악당으로 설명해주는 어린이 콘텐츠들을 보여주면서 손씻기와 마스크의 중요성을 강조합니다. 아이들은 왜 그렇게 엘리베이터 버튼을 좋아하는지. 외출을 시작하자마자 난관이 시작되지요. 아이에게 말해줘야 하는 청결에 관련된 표현들을 알아볼까요.

• 꼭 알아둘 표현 •

1 밖에서 들어오면 손을 꼭 깨끗이 씻어야 해.
We must wash our hands when you get back home from outside.

2 손을 안 씻고 음식을 먹으면 세균들이 송송이 뱃속으로 쏙 들어가버려.
If you eat food with dirty hands, germs will go into Songsong's tummy.

 음성 파일로 들어보세요!

더 알아둘 표현

3 세균이 뱃속에 들어가면 송송이가 많이 아플 수 있어.
If germs go into your stomach, you can get sick.

4 약은 경찰 아저씨와 같아. 뱃속에 있는 세균 악당들을 물리칠 수 있어.
Medicine is like police officers. It fights against all the germ monsters in your stomach.

✱ 악당과 싸워 멀리 물러나도록 만드는 것이므로 away를 붙여 fight away라고 할 수 있습니다.

5 손등도, 손바닥도 손톱도 모두 깨끗이 비누거품으로 비벼서 씻어야 해.
We need to wash the backs of our hands, our palms and nails. Rub them with soap foams.

6 세균이나 바이러스는 우리의 눈/코/입으로 들어가. 더러워진 손으로 눈을 비비고, 코와 입을 만지지 않을거야.
Germs or viruses go into our body through our eyes, nose and mouth. So don't rub your face with dirty hands.

✱ 문지르거나 비비는 것을 rub이라고 합니다.

7 코딱지 먹지마. 콧속에는 먼지가 많아. 세균도 뭉쳐 있을 수 있어. 입에 넣지 않을거야.
Don't eat boogers. There's a lot of dust inside your nose. Germs are there, too. Don't put your finger in your mouth after picking your nose.

✱ 코를 후비는 것을 pick one's nose라고 하고, 코딱지는 일상 용어로 booger 혹은 snot이라고 합니다.

2 마음은 아파도 단호하게
우리 같이 치워보자

> 장난감들을 분류해서 정리해보자.
> **Let's separate all the toys and put them in each box.**

 바닥에 널부러져 있는 장난감들, 특히 줍기도 어려운 레고블럭과 놀다 남은 클레이를 보면 심호흡부터 합니다. 신나게 놀아주지만 그 잔해들을 보면 인내심 많은 엄마도 짜증지수가 높아지기 시작하지요. 거기에 산처럼 쌓여 있는 설거지며 빨래까지 보이면 엄마의 정서는 폭풍전야와 같아요. 정리정돈의 습관을 길러주는 말들을 알아볼까요.

• 꼭 알아둘 표현 •

1 방이 너무 어질러졌어. 장난감들을 분류해서 정리해보자.
Your room is so messy! Let's separate all the toys and put them in each box.
✱ 지저분한 모습을 표현할 때 두루 쓸 수 있는 형용사가 messy입니다.

2 장난감들은 송송이와 하루종일 놀아주는 소중한 친구들이지. 아무데나 버려두면 마음이 너무 아플거 같아.
Toys are your friends who play with you all day. They will feel sad if you leave them all over the floor.
✱ 어떤 상태로 남겨 두는 모양을 가리키는 동사가 leave이죠. 바닥 여기저기에 놓여 있으므로 all over the floor라고 표현했습니다.

 음성 파일로 들어보세요!

• 더 알아둘 표현 •

3 놀이가 끝나면 항상 정리를 할거야. 아니면 장난감들이 자기 집을 찾을 수가 없어.
After we finish playing, we should tidy up. Otherwise, the toys can't find their home.

> ✳ 우리가 보통 쓰는 '치운다'에는 지저분한 것을 쓸어 낸다는 뜻도 있고, 어질러진 것을 정리한다는 의미도 있죠. 전자의 경우 clean up이 어울리고, 후자의 경우 organize, put ~ in order와 같은 표현이 어울립니다. 물론 분명히 구분되지 않는 경우도 있으니 말끔하게 정리한다는 의미를 지닌 tidy up과 같은 표현을 활용해도 좋겠죠.

4 정리를 안하고 아무데나 내팽겨치면 다음에 찾아서 놀이하기 어렵지?
If you don't clean up and you leave your toys everywhere, how will you find them when you need them next time?

5 장난감들을 소중히 대하지 않으면 송송이를 떠나 다른 친구에게 갈 거에요.
If you don't treat your toys well, they will leave you and find other friends.

> ✳ 사람이든 장난감이든 잘 대하는 것은 treat well로 표현할 수 있습니다.

6 자주 놀지 않는 장난감들은 정리해보자. 다른 친구에게 주거나 팔아 볼까?
Let's do something with the toys that you don't play with often. How about giving them to other friends or selling them?

어지르는 것을 마냥 두고만 볼 수는 없어 아이에게 정리정돈을 시키기 시작했는데, 의외로 야무지게 엄마보다 잘 정리할때가 있어요. 궁디팡팡 칭찬을 해줍니다. 물론 대부분 "싫어! 너무 힘들어"라고 말하지만 엄마는 포기하지 않아요.

7 스스로 너무 너무 정리를 잘했네! 엄마보다 정리를 잘했어! 이렇게 나눠서 넣으니 너무 깔끔해졌다.
Great job! You cleaned up all by yourself! You did much better than Mommy. When you separate your toys like this, they look much neater.

✱ separate은 구분한다는 뜻이므로, 장난감을 분류해 정리하는 것을 표현하기에도 적절합니다.

8 방 정리를 안하고 내버려두면 세균들이 생겨나. 항상 정리하고 깨끗하게 닦아보자.
If you leave your room messy like this, germs will grow. Always organize your toys and clean the room.

✱ 여기서는 장난감을 정리한다는 뜻으로 organize를 활용했습니다. 체계적으로 정리한다고 할 때 유용한 동사입니다.

9 장난감도 소중히 다뤄야해. 누구나 송송이가 마구 던지고 쓰레기처럼 대하면 속상할거야.
Toys should always be treated well. If you throw them around and treat them like garbage, the toys won't be happy.

✱ 여기저기에 던져놓는 모양을 가리키는 표현이 throw around입니다. 쓰레기도 다양한 단어로 표현할 수 있는데, 북미 사람들이 일상에서 가장 많이 쓰는 단어는 garbage입니다.

심신이 지쳤을 때 바닥에 널브러져 있는 장난감들을
보면 우울감이 생기거나 화가 나기 십상입니다.
아이한테 "당장 장난감 모두 정리해!"라고 하면,
고사리 같은 손으로 한 두 개만 박스에 넣고
마치 슬로모션처럼 움직이죠. 그래도 심호흡하고
정리연습을 시킬 필요가 있어요.
"우리 또 연습하자. 장난감은 놀고 나면 꼭 치워야 해."

이 식재료, 이 물건은 영어로 뭘까요?

○ 식재료 이름

해외에서 지내다 보니 한국의 시판 이유식이 부러울 때가 많답니다. 다양한 식재료가 들어가 있는 영양 듬뿍 시판 이유식은 해외에선 눈을 씻고 봐도 찾기가 어려워요. 대부분 글로벌 대기업에서 제조하는 외국 스타일의 이유식들이에요. 저도 이유식 책을 열 권 읽었지만 대부분 한국에서 구할 수 있는 식재료로 구성되어 있다 보니 현지 마트에서 식재료를 구하기가 매우 어려웠답니다. 결혼하고 나서부터 요리를 배우기 시작한 저에게는 특히 고기 부위를 고를 때 어려움이 많았어요. 각 나라별로 정육점에서 쓰는 용어들이 다르다 보니 이상한 부위를 구매해 실패한 적도 많았습니다. 해외에서 육아하시는 초보 엄마들을 위해 설명들을 추가해보려고 합니다.

돼지고기 부위

안심 · tenderloin
등심 · loin
삼겹살 · belly
갈비 · rib
목살 · shoulder

생선 이름

고등어 · mackerel
연어 · salmon
갈치 · hair tail
굴비 · yellow corvina
흰살 생선 · fish fillet
멸치 · dried anchovy

채소 이름

대파 · green onion
깻잎 · perilla leaf
애호박 · Korean zucchini
한국 쌀 · short grain rice / Calrose rice
표고버섯 · shiitake mushroom
양송이버섯 · button mushroom

소고기 부위

안심 · tenderloin
등심 · sirloin
소꼬리 · ox tail
갈비 · rib
사태 · shank
양지 · brisket

조미료, 소스 이름

양조간장 · soy sauce
국간장 · Korean soy sauce for soup
된장 · soybean paste
굴소스 · oyster sauce
마가린 · margarine [마저린]으로 발음
포도씨유 · grapeseed oil
카놀라유 · canola oil
치킨스톡 · chicken stock
파르메산 치즈 · parmesan cheese
[파머잔]으로 발음
발사믹 글레이즈 · balsamic glaze
발사믹 식초 · balsamic vinegar

68

아이 용품 명칭

아이가 어린 경우, 마트가 아닌 약국에서 육아용품들을 급하게 사야 하는 경우가 많아요. 체온계, 면봉, 약을 먹이는 용도로 쓰는 일회용 주사기 등이죠. 하지만 이미지만 떠오를 뿐, 약국에 가면 쉽게 단어가 떠오르지 않는 물품들이 있어요. 더욱이 송송은 유당 소화력이 약해 꼭 락토 프리 우유를 마셔야 하는데 락토 프리 제품도 찾기가 만만치 않았어요. 아이들을 위한 락토 프리, 글루텐 프리, GMO 프리, 파라벤 프리 등 용어들도 기억해 두면 좋겠습니다.

육아 용품 명칭

기저귀 · diaper
면봉 · cotton stick
락토프리 · lactose-free
글루텐프리 · gluten-free
파라벤프리 · paraben-free
젖병 소독기 · baby bottle sterilizer
보온병 · thermos
젖병 젖꼭지 · baby bottle nipple
젖병 소독 집게 · baby bottle tongs
젖병 세척기 · baby bottle cleaning brush
치아 발육기 · baby teething toy
아기 쪽쪽이 (공갈젖꼭지) · baby pacifier
양손 빨대컵 · two handle straw cup
아기띠 · baby carrier
온습도계 · thermo-hygrometer
물티슈 · baby wet wipes
신생아 섬유유연제 · baby fabric softener
신생아 세탁세제 · baby laundry detergent
턱받이 · baby bib
딸랑이 · baby rattle

의료 용품 명칭

체온계 · thermometer
1회용 주사기 · disposable syringe
연고 · ointment
해열제 · fever reducer
석고 붕대 · plaster bandage
링거 주사 · intravenous(IV) drip
반창고 · Band-Aid
탈지면 · cotton rolls, cotton balls
거즈 · gauze [거즈]로 발음
기침약 · cough medicine, cough suppressant
감기약 · cold medicine
기저귀 발진 연고 · diaper rash ointment
소화제 · digestive medicine
항생제 · antibiotics
알약 · tablet, pill
물약 · liquid medicine
좌약 · suppository
소독약 · disinfectant
처방전 · prescription
진단서 · medical certificate, doctor's note

Chapter·3
해외생활, 여행도 문제없어. 콩글리시 안녕

가족의 사랑을 듬뿍 받으며 여리여리한 공주님처럼 성장한 여성도 엄마가 되면 '전투력'이 급상승하게 됩니다. 아이를 지키기 위한 모성애가 폭발하기 때문이에요. 모든 것이 낯선 해외에서 엄마는 본능적으로 아이를 보호하고 가장 좋은 것을 경험하도록 도와주려 하지요. 하지만 활활 타오르는 의욕에도 불구하고 영어가 서툴면, 소소한 대화에서도 매너 있는 모습을 보이지 못하거나, 싸워야 할 때 아이의 이익을 지켜주기 어렵게 됩니다. 해외여행, 일상에서 도움되는 말들을 알아볼까요?

1 아이가 아플 때
진료 예약하기

가장 빠른 시간으로 진료예약을 하고 싶습니다.
I'd like to make an appointment as soon as possible.

아이들은 갑자기 아플 때가 많아 예약 없이 갑자기 병원을 가야 하는 경우가 자주 생깁니다. 특히 의료시스템이 한국처럼 잘 발달되어 있지 않은 나라에서는 의사 선생님과의 진료를 예약하기도 쉽지 않죠. 급히 병원을 찾아 빨리 진료를 받고 싶을 때, 급한 마음을 어떻게 어필할 수 있을지 알아볼까요?

• 꼭 알아둘 표현 •

1 가장 빠른 시간으로 진료예약을 하고 싶습니다.
I'd like to book an appointment as soon as possible.

✱ 가장 빠른 시간은 at the earliest time이라고 하거나 ASAP라고 표현하면 됩니다. ASAP는 as soon as possible의 준말로 [에이에스에이피]라고 읽거나 [에이셉]이라고 읽을 수도 있어요.

2 오늘 중으로 의사 선생님을 뵐 수 있을까요?
Could it be possible to see a doctor sometime today?

✱ '어떤 시간 이내에'라고 할 때 within이라는 전치사가 있습니다만, within today라는 표현은 자연스럽지 않습니다. 예문처럼 '오늘 내로 언젠가'라는 의미에서 sometime today라고 하거나 그냥 today라고만 표현하면 됩니다.

음성 파일로 들어보세요!

• 더 알아둘 표현 •

3 오후부터 아이가 갑자기 아프기 시작해서 가장 빠른 시간으로 진료예약을 하고 싶습니다.
My child suddenly got sick this afternoon. I'd like to book an appointment with the doctor as soon as possible.

* 아프다고 할 때 가장 일반적으로 쓰이는 단어는 sick입니다. ill도 같은 뜻이지만 seriously ill처럼 좀 더 다른 의미가 추가될 때 잘 쓰이고, 미국 영어에서 가장 흔히 들을 수 있는 단어는 sick입니다.

4 3시까지 가도록 하겠습니다.
We will be there by 3pm.

5 죄송하지만 여권을 두고 왔는데 전자파일로 진료등록 가능할까요?
I'm sorry for the inconvenience, but would it be possible to register via electronic file?

* 불편함을 끼쳐 죄송하다고 할 때 '불편함'은 inconvenience라고 하죠.

6 진료비는 보험 청구 예정입니다.
The payment will be covered by the insurance company.

* 우리가 외래어 '커버'를 쓰는 상황에 영단어 cover를 넣으면 의미가 아주 잘 통합니다. 여기서도 '보험으로 커버 가능하다'는 의미이므로 cover로 표현할 수 있죠.

7 진료비는 자비로 부담할 예정입니다.
I'm not covered by any insurance.

8 OOO 백신 접종은 가능한가요?
Is OOO vaccination available at your clinic?

* 시간약속, 서비스 제공 등 다양한 것들이 '가능하다'라고 할 때 available을 쓸 수 있습니다.

1 아이가 아플 때
응급실에 갔을 때

의사를 빨리 불러주세요.
Please call the doctor immediately.

아이의 갑작스러운 고열로 응급실에 간 적이 있었습니다. 간호사가 증상을 묻는데 오한과 고열을 영어로 설명하기가 너무 어려웠어요. '덜덜 떨고 있다'를 어떻게 설명할지 망설이다가 high fever and shivering이라고 매우 심각한 표정과 몸짓으로 간신히 전달한 기억이 있습니다. '영어 단어 찾아볼 걸', '짬 날 때마다 응급 상황에 관한 영어를 공부해 놨어야 했는데'하면서 제 자신을 얼마나 원망했는지 모릅니다. 이런 급박한 상황에서 쓸 수 있는 표현들이 아이의 생명을 구할 수도 있으니, 자세히 보고 기억해두기로 해요.

• 꼭 알아둘 표현 •

1 아이가 많이 다쳤어요. 의사를 빨리 불러주세요. 등록도 빨리 진행해주세요.
My child is seriously injured. Please call the doctor immediately. And please **proceed with registration** as quickly as you can.

　＊ 아플 때 sick이 가장 일반적이듯, 상해를 입었을 때는 injured로 표현하면 무난합니다. proceed with는 쉽게 말하면 go ahead 정도 의미로, 어떤 절차를 진행한다는 뜻입니다.

2 응급실에 소아과 주치의께서 오셔서 진료가 가능할까요?
Could my child's main pediatrician **come to the emergency center to check him now**?

음성 파일로 들어보세요!

• 더 알아둘 표현 •

3 비용은 개인이 부담할 예정입니다.
The medical bill will be self-paid.

✱ bill은 고지서를 말하지만, 의미가 더 확대되어 고지서로 청구되는 각종 비용들을 가리킵니다.

4 비용은 보험에서 처리될 예정입니다.
The medical bill will be covered by the insurance company.

5 입원이 필요한 경우 접수하고 병실배치까지 시간이 얼마나 걸릴까요?
How long will it take from registration to admission to the ward?

✱ '입원'을 의미하는 단어에는 hospitalization도 있습니다. 여기서는 병실에 들어가게 된다는 의미로 admission을 활용했습니다.

6 응급실 진료를 받기 위해서 코로나/피검사가 필수인가요?
Do we need a Covid/blood test before being treated at the emergency center?

✱ 반드시 ~해야 한다는 '필수'는 쉽게 need로 표현할 수 있습니다.

 응급실을 통해 입원한 후 열성경련까지 오게 되어 뻣뻣해지는 아이의 몸을 주무르는데 심장이 멎을 뻔했습니다. 코로나 기간이라 보호자도 한 명만 동반 입실 가능하여 남편도 옆에 없던 그 순간, 아이를 붙잡고 새벽 병실에서 대성통곡이라도 하고 싶었답니다. 하지만 아이의 입에서 거품까지 나오는 상황에서 엄마는 울 수가 없지요. 정신줄을 가다듬고 미친듯이 소리질렀어요. 그때도 영어가 생각이 안나는 제가 얼마나 미웠는지 모릅니다.

7 아이가 탈수가 심해 수액공급이 급해 보여요. 수액부터 먼저 놔주실 수 있을까요?
My child is dehydrated. Could you please give him an IV drip?

✱ 우리가 '링거 맞는다'는 말을 잘 쓰는데, 영어로는 정맥주사를 뜻하는 IV[아이비]라는 표현을 씁니다. IV는 intravenous의 약자입니다. '한 방울씩 떨어지는 약'이라는 의미로 drip을 붙였죠.

8 에어컨 바람이 너무 세서 담요가 필요해요. 아이가 덮을 담요가 있을까요?

The airconditioning is too strong here. Could we get a blanket for my child?

✱ air conditioning을 aircon이라고 줄여 말하지 않도록 주의해야 합니다.

9 보호자는 한 명만 들어갈 수 있나요?

Is only **one family member allowed** in the emergency room?

✱ 우리말로 '보호자'라고 합니다만 protector나 guardian과 같은 단어를 쓰기보다는 '가족'이라고 표현하는 것이 자연스럽습니다.

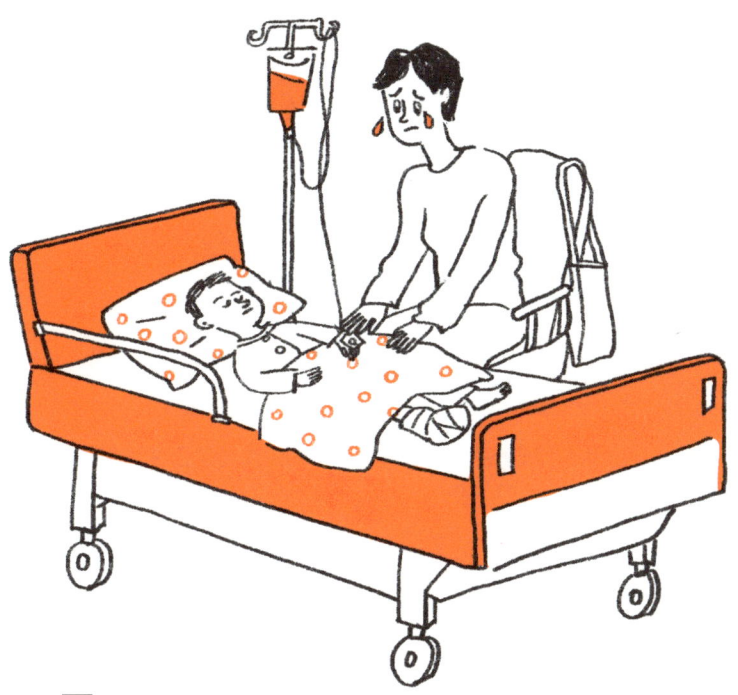

코로나 시국에서 아이가 아파 입원을 해도 보호자 한 명만 간호를 할 수 있었어요. 고통스러워하는 아이를 보며 저는 알 수 없는 죄책감과 괴로움에 더 힘들었답니다. 아이가 아프면 엄마의 몸과 마음은 엉망진창이라 예민해지고 짜증을 내기 십상이죠. 남편들이 이런 엄마의 고군분투와 복잡한 감정을 알아주고 위로해 주기를 바랍니다.

1 아이가 아플 때
감기 증상을 설명해 보아요

아이가 오후부터 열이 나기 시작했어요.
My child has had fever since this afternoon.

 의사 선생님을 만나 증상을 설명하고, 입원을 할지 말지 결정하고, 어떤 약을 처방하는지 문의할 때마다 콩글리시와 간단한 단어만 떠오르던 기억들로 가득하네요. 하루에 10분도 여유가 없는 엄마들은 영어 사전을 찾아볼 시간도 부족하지요. 아이들이 자주 앓는 증상들을 어떻게 설명할지 알아볼까요?

• 꼭 알아둘 표현 •

1 아이가 오후부터 열이 나기 시작했어요. 밤 12시쯤 열이 39도를 넘었고 몸을 떨고 추워합니다.
My child has had fever since this afternoon. At midnight his temperature was over 39 degrees, and he was shivering a lot. He kept telling me he felt very cold.

＊ 덜덜 떠는 모습은 shiver로 표현할 수 있죠. tremble도 괜찮고, 더 쉽게 shake라고 해도 됩니다.

2 아이가 이틀전부터 기침을 하기 시작했어요. 밤에 기침하는 횟수가 더 많고 잠을 잘 못 잡니다.
My child started coughing two days ago. His coughing gets worse at night and he can't sleep well.

＊ 호전되는 것이 feel/get better이므로 악화되는 것은 worse로 표현하면 됩니다.

 음성 파일로 들어보세요!

• 더 알아둘 표현 •

3 타이레놀과 부루펜을 2시간 정도 시간차를 두고 복용해도 될까요?
Is it safe to take Tylenol and Brufen within two hours of each other?

✱ 둘 간의 시간차를 말하므로 of each other로 표현할 수 있습니다.

4 해열제는 타이레놀 계열인 paracetamol을 저녁 8시에 2.5ml 복용했고 부루펜 계열로 밤 12시에 2.5ml 복용했습니다.
I gave him 2.5ml of Paracetamol at 8 pm and 2.5ml of Brufen at midnight.

✱ 아이가 복용했다는 말을 할 때는 부모 입장에서 '약을 주었다'는 뜻으로 give를 활용해 표현하면 됩니다.

5 아이가 밤에 숨을 잘 못 쉬고 기침은 컹컹하는 소리가 납니다.
My child isn't breathing well at night. And his coughing sounds like a barking dog.

6 아이가 약을 잘 삼키지 못해서 좌약으로 주실 수 있나요?
My child can't swallow pills well. May I have a suppository?

약물이나 치료와 관련된 영어 표현들도 처음에는 매우 낯설었습니다. 스펠링도 복잡하고 발음도 어려워서, 적어 둔 것을 보면서 의사나 간호사 선생님에게 설명한 적도 많아요. 하지만 아이가 자주 앓는 증상들은 어찌 보면 정해져 있어서 생각보다 빨리 익숙해지더군요.

7 아이가 콧물이 많아져서 숨을 잘 쉬지 못합니다.
My child can't breathe well because of his runny nose.

8 콧물약은 많이 졸린가요?
Will the medicine for runny nose cause drowsiness?

9 기침과 함께 가래가 섞여 나오고 있어요.
My child has a cough and phlegm.

✱ phlegm은 [플렘]처럼 발음합니다. g소리는 나지 않습니다.

10 목이 아프고 부었는데 항생제 약을 처방해주실 수 있으신가요?
Could you please prescribe antibiotics for a sore throat?

✱ 목에 통증이 있다면 가장 기본적으로 생각할 표현이 sore throat입니다.

11 목에 염증 증상이 있으면 항생제를 처방 받을 수 있을까요?
Could you please prescribe antibiotics if my son's throat is inflamed?

✱ '염증'은 영어로 inflammation이라고 합니다. 염증이 있는 상태는 be inflamed라고 표현하면 되죠.

아이가 아프면 엄마는 온통 아이의 치료에 몰두하게 되어요.
엄마의 마음도 찢어질 듯 아프지만, 아픈 아이 앞에서 눈물을 보일 수가 없어요. '항상 너를 지켜줄게'라는 강한 모습으로 꿋꿋이 일상을 버텨낸답니다.
하지만 가끔은 힘들 때 눈물을 흘려도 돼요.
엄마도 사람이니까요.

1 아이가 아플 때

변비/설사 증상을 설명해 보아요

아이가 변을 보지 못했습니다.
My child hasn't had a bowel movement.

 기저귀를 뗄 때가 되면 변비로 고생하는 아이들이 많아요. 송송이는 만 2세부터 1년 넘게 고생을 했습니다. 하루는 변비로 인한 탈수증상까지 생겨 병원에 입원하기도 했어요. 일주일에 하루 이틀은 끙끙대는 아이를 바라만 보는 엄마의 마음은 괴롭기만 하지요. 여러 클리닉, 병원을 다니면서 상담을 받았지만 속 시원히 말씀해 주시는 의사 선생님은 없었습니다. 며칠 먹을 수 있는 변비약만 주는데, 답답한 엄마 마음을 충분히 설명 못했던 기억이 납니다.

• 꼭 알아둘 표현 •

1 아이가 3일째 변을 보지 못했습니다.
My child hasn't had a bowel movement for three days.
* '변을 보다'도 have a bowel movement라고 직설적이지 않게 표현하는 것이 좋습니다.

2 어제부터 설사를 시작했습니다.
Yesterday, he started to have diarrhea.

• 더 알아둘 표현 •

3 변비약을 장기복용해도 되나요?
Is it okay to give my child constipation medicine for a long term?

4 어떤 음식을 먹으면 변비에 도움이 될까요?
What kind of food will be good for easing constipation?

5 변에 피가 조금 섞여 있었습니다.
I've noticed some blood in his stool.

6 기저귀를 떼려고 하는데 아이가 거부하면서 변비 증상이 나타나고 있습니다.
I started potty training and my child is struggling with it. I think that could be one of the reasons for his constipation.

※ 여기서 potty는 변기를 가리킵니다. 기저귀에 의존하지 않고 변기에 앉는 단계를 가리키므로, 기저귀를 떼는 것을 potty training이라고 합니다. '배변훈련'이라고도 하죠.

7 증상이 멈추면 약을 끊어도 될까요?
Will it be okay to stop feeding him medicine when there are no more symptoms?

8 자기전에 아랫배가 아프다고 하는데 화장실에는 가지 않았어요. 괜찮은지 봐주실 수 있으신가요?
He told me that he had a stomachache before going to bed. But he didn't go to the bathroom. Is he okay?

1 아이가 아플 때
각종 상처들에 대해 설명해 보아요

기저귀 발진으로 빨갛게 피부가 부어 있어요.
Because of diaper rash, his skin is a bit red and swollen.

 아이들이 밖에서 뛰어 놀다 보면 상처가 나게 마련이에요. '이번 주는 평화롭게 지나가는구나'하며 잠시 마음을 놓는 순간, 아이는 생각지도 못한 상처들을 갖고 옵니다. 수영장에서 신나게 놀고 저녁부터 고추가 아프다고 우는 아이를 업고 응급실로 갔던 기억이 나네요. 고추를 뭐라고 해야 할까. 왜 학교에서는 이런 영어 안 가르치나 원망하면서, 아이의 바지를 벗기고 팬티를 가리키며 here, here라고 얘기했던 기억이 있습니다. 엄마가 되고 나니 아이를 보살피는 그 어떤 순간에도 창피하다는 생각이 들지 않네요. 갑작스런 상황에도 당황하지 않고 쓸 수 있는 표현들을 알아 보아요.

• 꼭 알아둘 표현 •

1 기저귀 발진으로 빨갛게 피부가 부어 있어요. 바를 수 있는 연고 처방을 부탁드립니다.
Because of diaper rash, his skin is a bit red and swollen. Could you please prescribe an ointment for that?
✱ 몸에 생기는 붉은 발진은 rash라고 합니다.

2 아이가 미끄럼틀에서 떨어졌습니다. 머리에 손상이 없는지 걱정됩니다.
My child fell off the slide at the playground. I'm worried that he could have injured his head.
✱ 앞서 다쳤다고 할 때 be injured라는 표현이 있었습니다. '상해'를 가리키는 명사는 injury입니다.

 음성 파일로 들어보세요!

• 더 알아둘 표현 •

3 아이가 수영장에 다녀오고 나서 소변을 볼 때 아프다고 합니다. 생식기가 빨갛게 부어 있어요.

After playing in a swimming pool, my child keeps saying he feels pain when he urinates. His genitals also seem swollen.

✱ 생식기를 가리키는 말도 비격식적인 표현부터 의학 용어까지 다양합니다. 의사와 대화하는 경우 '생식기'를 의미하는 genitals가 가장 적절합니다. '소변을 보다'에 해당하는 가장 중립적인 표현은 urinate입니다.

4 고름을 짜는 시술을 해주실 수 있으신가요?

Could you squeeze the pus out?

✱ 고름을 뜻하는 pus는 [퍼스]라고 발음합니다.

5 피부염증에 바르는 항생제 처방을 해주시나요?

Could you please prescribe antibiotics for a skin infection?

6 아이가 놀이터에서 공에 맞았습니다. CT 검사가 필요한가요? 아이가 침을 흘리거나 어지러워하지는 않아요.

My child was hit by a ball at the playground. Does he need a CT scan? So far, he doesn't have any drooling or dizziness.

✱ drool이 침을 질질 흘린다는 뜻이기 때문에 drooling은 침을 흘리는 상태를 가리킵니다.

7 아이 발에 나무조각이 들어갔어요. 피부를 째고 나무조각을 빼 주실 수 있을까요?

My child has a big splinter in his toe. Could you please remove it?

8 아이의 다리 모양이 괜찮은지 봐주실 수 있나요? 조금 휘는 것 같아서요.

I'm worried that he's a bit bow-legged. Could you please check if they are fine?

✱ 다리가 휜 모양을 가리키는 표현이 be bow-legged입니다. 마치 활처럼(bow) 굽었다는 뜻이죠.

1 아이가 아플 때
치과에 갔을 때

> 충치치료가 필요한지 궁금합니다.
> **Does he need any cavity treatment?**

 아이가 두 돌 지나고 과자나 사탕을 탐내기 시작했을 때 일입니다. 불소 도포가 필요하다고 생각되어 치과에 무작정 예약전화를 했는데, 불소가 뭔지 생각이 안 나 당황했던 기억이 있습니다. 결국 전화를 끊고 사전을 찾으며 연습해본 후 다시 예약을 했습니다. 치과를 자주 방문하지는 않지만, 기본적인 표현들을 알아볼까요.

• 꼭 알아둘 표현 •

1 충치치료가 필요한지 궁금합니다.
Does he need any cavity treatment?
* 우리도 '이빨이 썩었다'고 하듯, 영어로도 decayed tooth 혹은 tooth decay라는 표현을 씁니다. 충치가 생기면 이에 구멍이 나기 때문에 cavity라는 표현도 빈번히 사용하죠.

2 아이가 놀다 치아가 깨졌어요. 발치를 해야 하는지 궁금합니다.
One of my child's teeth chipped when he was playing. I'd like to know if he needs a tooth extraction.
* 치아가 조금 깨진 경우에는 be broken이라고 하지 않고 chip이라고 합니다. 수동형으로 쓰지 않고 그냥 My tooth chipped (off).처럼 표현하면 됩니다.

 음성 파일로 들어보세요!

• 더 알아둘 표현 •

3 어린이용 불소도포가 가능할까요? 몇 개월 주기로 치료가 필요할까요?
Does your clinic do fluoride treatment for children? How often should he have it done?

* 어떤 서비스가 가능한지 물을 때는 Does your clinic do ~와 같이 표현하면 됩니다. '이 버스가 ~에 가나요?'라고 물을 때 Does this bus go to ~?라고 하는 것과 같은 표현방식이죠. 우리말과 달리 사물을 주어에 놓는 영어의 특성이 반영된 표현입니다.

4 치아교정치료는 얼마정도 기간이 필요한지 궁금합니다.
I'd like to know how long it takes to complete his orthodontic treatment.

* 치아교정을 위한 보철을 braces라고 하고, wear braces는 보철을 한다는 뜻입니다. 더 넓은 의미의 치아교정은 orthodontic treatment라고 하죠. 쉽게 dental correction이라고 해도 됩니다.

5 아이가 조금 무서워하는 것 같아요. 시간이 지연되어 죄송합니다.
My son is a bit scared. I'm so sorry for the delay.

6 아이도 스켈링이 가능한가요? 몇 개월 주기로 받는 것이 좋을까요?
Do you recommend scaling for children? How often should he come for a check-up?

7 아이한테 가글을 사용하게 해도 될까요?
Do you recommend children use mouthwash after brushing their teeth?

* 가글을 위한 용액은 보통 mouthwash라고 표현합니다.

8 음식을 잘 못 씹는 편인데 치아에 문제가 있는 건 아닌지 궁금합니다.
My son seems to have difficulty chewing food. I wonder there's something wrong with his teeth.

1 아이가 아플 때
입원을 하게 되면

> 입원치료를 하겠습니다.
> **I agree that my child should be admitted.**

 외국에 살다 보면 한국의 의료시스템이 얼마나 잘 되어 있는지 깨닫게 됩니다. 여기 말레이시아에서는 세월아 네월아 하는 시스템 때문에, 입원을 결정하는 순간부터 부모가 깊은 한숨을 쉬고 이를 꽉 깨물어야 합니다. 해외에서는 입원수속부터 각종 검사까지 시간이 오래 걸리는 경우가 많아요. 마음이 급한 부모가 쓸 수 있는 표현에 어떤 것들이 있는지 알아볼까요.

• 꼭 알아둘 표현 •

1 의사 선생님 말씀대로 입원치료를 하겠습니다.
At your recommendation, I agree that my child should be admitted.

* 병원에서 하는 이야기이므로, 입원하는 것은 be admitted라고만 표현하면 됩니다. '의사 선생님 말씀에 따라'라는 뜻이므로 at your recommendation이라고 표현했습니다.

2 퇴원은 언제쯤 가능한가요?
When will my child be discharged?

* 병원 입장에서 '입원'은 받아들이는 것이니 admit, '퇴원'은 내보내는 것이니 discharge로 표현할 수 있습니다.

 음성 파일로 들어보세요!

• 더 알아둘 표현 •

3 피검사 결과는 몇 시간 뒤에 확인할 수 있을까요?
How long will it take to get the blood test results?

4 소변/대변검사는 몇 시간 정도 소요되나요?
How long will it take for a urine/stool test?

5 주사바늘이 있는 부분이 부어 있습니다.
My child's skin is a bit swollen at the injection.

6 진료비 정산은 몇 시간 정도 소요되나요?
How many hours will it take to get the final medical bill?

7 의사 선생님은 몇 시에 방문하시나요?
When does my child's doctor come by?

* 의사가 회진하는 것도 visit으로 표현할 수 있습니다. 여기서는 병실에 방문한다는 뜻으로 come by를 활용했습니다.

8 싱글 룸으로 배정받고 싶습니다. 보험 에이전트가 미리 연락한 것으로 알고 있어요.
I'd like to choose a single room if possible. I was informed that my insurance agent contacted you.

1 아이가 아플 때
드디어 퇴원하는 날

가능하다면 빨리 퇴원하고 싶습니다.
I'd like him to be discharged as soon as possible.

드디어 퇴원하는 날이 오면 '의사 선생님 언제 오시나'하며 이른 아침부터 기다리게 됩니다. 밤에도 2~3시간마다 열, 혈압, 산소농도를 체크하고 아이에게 항상 상냥했던 간호사분들께도 감사 인사를 드리고 싶지요. 퇴원 서류에 사인하는 의사 선생님은 그 어떤 연예인보다 멋있어 보이더군요. 아이의 건강회복이 최우선이지만, 해외에서 보험이 적용 안 되는 경우에는 하루 입원 비용이 만만치가 않아요. 빠른 시일 내로 치료를 끝내고 퇴원시켜 주는 의사 선생님께 진심으로 감사하다고 말하고 싶어지지요.

• 꼭 알아둘 표현 •

1 아이가 집에서 치료 가능하다면 빨리 퇴원하고 싶습니다.
If my son can get better at home, I'd like him to be discharged as soon as possible.

2 많은 도움을 받았습니다. 선생님 덕분에 완쾌하고 퇴원하게 되어 정말 감사합니다.
Thank you so much, doctor. I'm so glad that my child is fully recovered thanks to you.

✱ 완쾌나 회복을 표현하는 단어는 recovered입니다.

 음성 파일로 들어보세요!

• 더 알아둘 표현 •

3 간호사님, 입원기간동안 케어해 주셔서 감사합니다.
Ms.ooo, thank you so much for your care while my child was at the hospital.

4 열이 37.5도 이하로 떨어지고 하루정도 유지되면 퇴원할 수 있나요?
If his fever stays below 37.5°C for a day, can he go back home?

✱ 퇴원하는 것을 여기처럼 집에 간다(go home)고 쉽게 표현해도 되겠죠.

5 입원기간 복용하고 남은 약은 집으로 갖고 가나요? 아니면 병원에서 폐기하나요?
Can we bring home the rest of the medicine? Or should we throw it away here?

✱ 쓰레기나 폐기물을 버리는 것은 한 단어 discard로 표현할 수 있습니다. 더 일상적인 표현은 throw away입니다. 반드시 '던져서' 버린다는 의미는 아닙니다.

6 먼저 퇴원하고 금액을 온라인송금으로 처리해도 될까요? 보험사 에이전트가 결제담당자와 통화할 거예요.
Could we get discharged first and pay for the medical bill via wire transfer? My insurance agent will contact the payment counter.

✱ 온라인으로 송금하는 경우, 과거 전신으로 처리할 때의 표현을 그대로 활용해 wire transfer라고 말하기도 합니다.

7 다음주 담당 주치의와의 진료가 예약되어 있나요?
Does my child have an appointment with his doctor next week?

8 저희가 만난 의사분 중에 가장 프로페셔널한 분이셨어요. 감사해요.
You're the most professional doctor we have ever met. Thank you so much.

2 마트는 필수
아이에게 필요한 식재료

아이가 먹을 고기인데 질기지 않은 부위로 부탁합니다.
The softest part of the meat for my baby, please.

출산 전에 본 육아 관련 책들은 모두 쉬워 보였습니다. '수유하고, 때가 되면 이유식 해주고, 적당한 장난감과 교구를 사용해 놀아주면 창의력도 쑥쑥 크겠다. 그리고 아프면 병원에 데려가면 되겠구나.' 이렇게 생각했습니다. 하지만 출산 후, 수유와 이유식을 포함해 그 무엇 하나도 쉽게 넘어간 적이 없었답니다. 특히 지극 정성으로 만든 이유식을 저희 아이는 한 그릇 뚝딱 비워본 적이 없었어요. 대부분 제가 이를 깨물고 억지로 한 숟가락씩 먹여야 했습니다. 특히 고기와 생선이 들어간 이유식에 대한 거부가 심했습니다. 육류나 생선 특유의 냄새 때문이라고 생각하고 새로운 부위를 사서 시도해 보려 했지만, 마트의 육류 표기 방법이 천차만별이라 tender loin만 샀던 기억이 있어요. 아이 음식에 자주 사용되는 식재료 이름도 모아 보았습니다.

• 꼭 알아둘 표현 •

1 ooo코너가 어디 있는지 궁금합니다
Excuse me, but where is ooo corner?

2 아이가 먹을 고기인데 질기지 않은 부위가 어디인가요?
Could you please recommend the softest part of the meat for my baby?

✱ 고기가 질긴 것은 tough, 부드러운 것은 soft라고 표현하면 됩니다.

 음성 파일로 들어보세요!

• 더 알아둘 표현 •

3 소고기를 샤브샤브 용으로 얇게 썰어 주시겠어요?
Could you please slice this beef for shabu shabu?

4 삼겹살 500 그램 부탁드립니다.
I'd like to buy 500g of pork belly.

5 생선 뼈를 제거해주세요.
Could you please debone this fish?

＊ 뼈를 제거하는 것을 de-bone이라고 합니다. remove the bones라고 할 필요 없이 간단히 표현할 수 있죠.

 해외에서 한인 타운과 멀리 떨어진 곳에 살다 보면 한국식단에서 자주 사용하는 식재료를 구분하기가 어렵지요. 정육코너 직원에게 필요한 부위를 잘라 달라고 요구할 수 있게, 소고기의 각 부위 명칭을 알아보겠습니다. 각종 한국 식재료 명칭은 68페이지에 따로 정리해 두었습니다.

6 애호박/깻잎/대파/한국 쌀을 어디서 찾을 수 있을까요?
Where can I find zucchini/perilla leaf/spring onion/short-grain rice?

7 유기농 이유식/스낵/분유 등을 추천해주실 수 있나요?
Could you please recommend organic kid food/snacks/baby formula?

8 유당이 제거된 분유가 있을까요? 아이가 유당을 소화하기 어려워 특수 분유를 찾고 있어요.
Where can I find lactose free powder formula? My child is lactose intolerant, so I'm looking for special powder for him.

＊ 소화 잘 되는 우유, 락토프리 우유와 관련된 표현들입니다.

2 마트는 필수
아이에게 필요한 육아용품

유기농 기저귀를 찾고 있어요.
I'm looking for organic diapers.

 아이에게 필요한 것들이 어디 한둘인가요. 외국 생활을 좀 했다 해도, 우리 아이를 위해 꼭 필요한 물건을 정확히 영어로 표현하고 구매하기란 쉬운 일이 아니지요. 몸에 안 좋은 화학물질이 아이에게 나쁜 영향을 끼치지는 않을까 걱정되어 유기농 제품을 찾게 되는 경우도 많습니다. 태어나서 얼마 안 되었을 때에는 더욱 그렇지요. 우리 아이에게 꼭 필요한 제품을 구매할 수 있게, 유용한 표현들을 한번 살펴볼까요?

• 꼭 알아둘 표현 •

1 유기농 기저귀/전용세제/바디워시/샴푸/로션 등을 찾고 있어요.
I'm looking for organic diapers/detergent/body wash/shampoo/lotion.

　＊ 음식이든 생활 용품이든 유기농은 organic으로 표현하면 됩니다. '~을 사려 한다'고 할 때는 ~을 찾고 있다는 의미로 I am looking for ~로 문장을 시작하면 됩니다.

2 이 제품은 아이가 쓸 수 있나요? 가장 작은 사이즈로 찾아주실 수 있으신가요?
Is this product suitable for a toddler? Could you please show me **one in the smallest size**?

 음성 파일로 들어보세요!

• 더 알아둘 표현 •

3 유해물질이 없는 식판/물병/식기들을 찾고 있어요.
I'm looking for a BPA free food plate/water bottle/utensils.

✱ 흔히 환경호르몬이라 말하는 비스페놀A는 영어로 BPA라고 합니다.

4 만3세 아이가 탈 수 있는 유모차를 찾고 있어요. 좀 더 튼튼하고 접히기가 편한 모델로 추천해주세요.
I'm looking for a stroller for a three-year-old child. Could you please recommend one that's durable and folds up easily?

✱ 상품이 튼튼하고 내구성이 있는 것은, 오래 지속된다는 의미로 durable이라고 표현할 수 있습니다.

5 아기 침대를 찾고 있어요. 매트가 더 푹신한 제품이 있을까요? 집으로 배송하고 조립까지 가능할까요?
I'm looking for a baby cot. Do you have one with a thick and soft mattress? Can I have it delivered and assembled for me at home?

✱ 내가 직접 배송/조립을 하는 것이 아니고 그렇게 하도록 만드는 것이기 때문에 have it delivered and assembled와 같은 문형을 쓰는 것이 맞습니다.

6 젖병 소독기를 추천해주실 수 있으신가요? 부품들을 이 샵에서 재구매할 수 있나요? 주문하면 몇 주 정도 소요되나요?
Could you please recommend a baby bottle sterilizer? Can I buy all the parts in this shop? How long will it take to deliver the parts?

✱ sterilize가 '살균하다'라는 뜻이므로, '소독기'를 sterilizer라고 합니다.

2 마트는 필수
결제, 교환, 환불까지 문제없어요

해외카드로 결제 가능한가요?
Can I use a foreign card?

 해외에서 생활하다 보면, 현금을 꼭 챙겨야 하는 나라도 있고, 동네 아침장터에서 채소 파는 할머니도 QR 코드로 결제 받는 나라가 있어요. 해외 카드를 사용할 수 있는 매장도 있지만, 현금만 받는 매장도 꽤 되어서 불편할 때가 많습니다. 결제 관련해서 어떤 말들을 할 수 있는지 알아볼까요?

• 꼭 알아둘 표현 •

1 해외카드로 결제 가능한가요?
   Can I use a foreign card?

2 적립된 포인트로 결제 가능한가요?
   Can I pay with my loyalty points?
   ✱ 카드 사용의 대가로 주어지는 포인트는 '충성심'을 일컫는 loyalty를 활용해 loyalty points라고 합니다.

 음성 파일로 들어보세요!

• 더 알아둘 표현 •

3 바우처/쿠폰을 사용하고 싶습니다.
I'd like to redeem this voucher/coupon.

* redeem을 사전에서 찾으면 '상환하다'와 같은 뜻이 나오는데, 쿠폰을 내고 상품이나 서비스를 받는 것을 redeem이라고 합니다.

4 현금으로 결제하고 남은 금액을 카드로 결제할게요.
I will pay 100 dollars in cash and the remaining amount with a credit card.

5 제품이 하자가 많습니다. 보증기간 내이니 제품 교환해주세요.
It has too many defects. It's still under warranty, so please exchange it for a new product.

* 제품의 결함은 defect라고 표현하면 됩니다. after service 혹은 AS는 콩글리시이므로, 아직 품질보증 기간이 끝나지 않았다는 말은 under warranty가 가장 적절합니다.

6 부속품 하나가 파손돼서 추가로 구매하고 싶습니다. 이 매장에서 구입할 수 있을까요?
This product has a broken part. Can I get a replacement part in this shop?

7 환불이 어려우면 새 제품으로 교체해주세요.
If you can't give me a refund, please exchange the product for a new one.

* refund도 명사 동사로 모두 쓰이기 때문에, 환불해 주는 것을 give me a refund라고 표현할 수 있습니다.

3 레스토랑에서도 자신있게
예약 그리고 아이가 필요한 물품 얘기해주기

> 어른 두 명 아이 한 명 예약하려고 합니다.
> **I'd like to reserve a table for two adults and one child.**

 아이가 앉을 수 있게 되면, 엄마도 한 주에 한 끼는 식당에서 먹고 싶은 마음이 듭니다. 아이 이유식과 간식을 챙기다 보면 주방은 항상 설거지로 가득 차 있고, 한 주 내내 간이 안 되어 있는 남은 이유식을 먹다 보면, 다른 사람이 만든 요리가 먹고 싶고 바람도 쐬고 싶지요. 레스토랑에 예약을 할 때는 아이가 있다고 말하고 필요한 물품들도 얘기해 놓는 게 좋아요. 특히 baby chair를 꼭 확인해야 합니다. 어떻게 얘기하면 좋을지 알아볼까요.

• 꼭 알아둘 표현 •

1 토요일 저녁 6시, 어른 두 명 아이 한 명 예약하려고 합니다. 아기용 의자 필요합니다.
I'd like to **reserve a table for** two adults and one child, 6 pm this Saturday. I need a high-chair for a baby, please.

　＊ 식당에서 자리를 예약하는 것은 reserve a table이 가장 일반적입니다. '자리'라고 하지만 영어로는 table이라고 표현합니다.

2 아이용 플라스틱 그릇, 컵과 수저세트 부탁드립니다.
Could you please **set up dishes and utensils** for a child?

　＊ 준비해 달라는 의미로 prepare를 써도 좋고, 예문처럼 set up도 좋습니다. 숟가락, 젓가락, 나이프 등 요리나 식사를 할 때 쓰이는 도구를 utensil이라고 합니다.

 음성 파일로 들어보세요!

• 더 알아둘 표현 •

3 죄송합니다. 제가 예약시간을 잘못 기억하고 있었어요.
I'm so sorry. I misremembered the date.

* 잘못 기억하는 것은 한 단어로 misremember라고 표현할 수 있습니다. remember the date in a wrong way처럼 길고 복잡하게 말하지 않아도 되죠.

4 가족끼리 조용히 저녁식사를 하려고 하는데 단독 방으로 예약할 수 있을까요?
Could you please reserve a quiet, private room for my family?

5 아이가 시끄러울 수 있어 밖에 있는 테이블에 앉아도 될까요?
My child can be loud. Would you mind if we sit at the table outside?

* 아이가 큰 소리를 내고 떠드는 상황을 말하므로 loud로 표현할 수 있습니다.

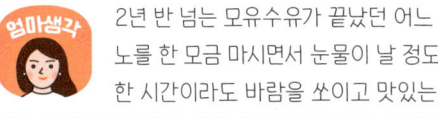

2년 반 넘는 모유수유가 끝났던 어느 날, 디카페인이 아닌 시원한 아이스 아메리카노를 한 모금 마시면서 눈물이 날 정도로 행복했던 기억이 납니다. 엄마도 사람이니 한 시간이라도 바람을 쏘이고 맛있는 음식을 즐길 수 있는 시간을 가져야 해요. 아이가 식당에서 조용히 앉아 있어줄지 걱정도 되지만요. 또, 아이와 하루 종일 씨름하다보면 가끔 예약날짜와 시간을 잊어버리기도 합니다. 레스토랑에서 연락이 오면 정중하게 죄송하다고 전해드리고 싶었는데, "I'm sorry."만 반복하다가 통화를 끝내기도 했습니다. 사과와 부탁의 표현들도 알아보겠습니다.

6 아이가 여러 명이라 다른 손님들께 방해가 될 수 있어 분리된 방으로 안내받고 싶습니다.
There are several children with me, and they can be disturbing to other customers. Could you please give us a separate room?

* 아이가 떠들거나 해서 다른 사람에게 피해를 줄 때, disturb라는 단어가 적절합니다. 호텔방에 걸어 놓는 Please do not disturb(방해하지 말아 주세요).라는 푯말을 기억하면 됩니다.

7 아이가 오래 기다릴 수 없어서, 대기시간이 길면 다른 레스토랑으로 가도록 할게요.
We have a child with us, so we can't wait too long. If it takes a while, we will go to another restaurant.

> ✱ 식당이나 어떤 시설에서 '아이가 있어서요'를 영어로 표현할 때는 We have a child with us.처럼 with us까지 넣어 말해야 더 정확합니다. '지금' 아이와 '같이' 있는 상황을 말하는 것이기 때문이죠. 그냥 I have a child.는 '나는 아이가 있는 부모다'라는 말도 될 수 있습니다.

8 기다리는 동안 먼저 주문해도 될까요?
Could we order while we're waiting here?

육아에 힘쓰는 엄마의 패션은 소박하기 그지없지요.
일상에 쫓겨 꾸미지도 못하는데, 가끔 아이의 실수로 주목받게 되거나
상대에게 사과를 해야 하는 상황들까지 발생합니다. 그러면 육아에
완벽하지 않고 멋지지 않은 자신의 모습이 싫어질 때도 있답니다.
아직 부족한 자신을 받아주세요. 완벽하지 않은 자신을 안아주면
완벽하지 않은 아이도 웃으며 대할 수 있답니다.

3 레스토랑에서도 자신있게
주문도 꼼꼼하게

아이가 먹을 수 있는 맵지 않은 음식을 추천 부탁드려요.
Please recommend dishes that are not spicy for children.

 아이와 함께 레스토랑에 가게 되면 신경을 써야 되는 부분들이 한두 가지가 아니지요. 아이를 위한 요리에 매운 소스나 덜 익힌 계란, 견과류가 섞여 있어 새로운 메뉴로 주문했던 일들이 자주 있었어요. 양이 많은 요리인 경우, 소스만 따로 담아주면 어른과 아이가 함께 먹을 수 있는데, 정중하게 부탁하려고 해도 적당한 표현들이 잘 떠오르지 않았어요. 결국은 손으로 따로 담는 모습을 보여주며 Separate sauce, please.라고 얘기했습니다. 어떤 표현들을 알아 두면 좋을지 함께 보겠습니다.

• 꼭 알아둘 표현 •

1 아이가 먹을 수 있는 맵지 않은 음식을 추천 부탁드려요.
Could you please recommend dishes which are not spicy for children?

2 이 요리에서 매운 소스/계란/견과류 빼고 조리해주실 수 있나요? 알러지가 있습니다.
Could you please do this dish without the spicy sauce/eggs/nuts? My child is allergic to them.

  * ~을 빼달라고 할 때 쓰는 동사로 hold가 있죠. hold the mayo(마요네즈) / mustard(겨자) / onion(양파)처럼 활용할 수 있습니다. 하지만 모든 단어와 다 어울리지는 않으므로, 위 예문처럼 ~없이 요리해달라고 말하면 됩니다.

음성 파일로 들어보세요!

• 더 알아둘 표현 •

3 요리에서 소스는 다른 그릇에 담아 주실 수 있나요?
Could you please put the sauce in a different plate?

4 그릇 두 개만 부탁드릴게요.
Could you please give us two new bowls?

5 아이가 먹어야 해서 고기나 계란은 완전히 익혀주세요. 감사합니다.
Please cook any meat or eggs well-done for my son. Thank you.
✱ 완전히 익힌 상태를 말할 때 well-done이라는 표현을 쓰죠.

6 아이가 얼음물을 좋아하네요. 한잔 더 부탁드릴게요.
My son likes ice water. Could I have one more cup of it? Thank you.

7 웨이터 삼촌한테 "케찹소스 하나 추가로 주실 수 있나요?"라고 직접 얘기해볼래?
Why don't you ask the waiter, "Can I have one more ketchup sauce, please?"

3 레스토랑에서도 자신있게
결제와 감사의 말

아이가 시끄럽게 해서 죄송합니다.
I'm so sorry my son was noisy during dinner.

 육아에 도움을 받지 못하는 엄마들은 어쩔 수 없이 음식을 주문하게 됩니다. 배달앱에 등록되어 있는 레스토랑들은 어른들의 입맛을 기준으로 하다 보니, 조미료를 적게 쓰고 식재료가 신선한 곳을 찾기가 어려워요. 그나마 한두 군데를 알게 되면 직접 방문하거나 픽업을 하지요. 아이가 그나마 맛있게 먹을 수 있는 어렵게 찾은 레스토랑인데, 아이가 산만하게 행동하거나 지저분하게 하면 죄송한 마음을 정중하게 표현하고 싶어집니다. 아이를 데리고 온 엄마도 환영받을 수 있도록 감사의 마음을 전해 보아요.

꼭 알아둘 표현

1 아이가 시끄럽게 해서 죄송합니다. 저녁식사 너무 맛있었어요. 감사해요.
I'm so sorry my son was noisy during dinner. All the dishes were fabulous. Thank you so much.
 * 원가가 대단하고 마음에 들었다면 great이외에 fabulous라는 단어도 써볼 수 있습니다.

2 아이가 그릇을 깨뜨렸습니다. 너무 죄송합니다. 부가비용을 지불하겠습니다.
My child broke a cup/plate. I'm so sorry. I will pay to replace it.

 음성 파일로 들어보세요!

• 더 알아둘 표현 •

3 아이가 너무 맛있게 먹었어요. 음식이 너무 맛있네요. 즐거운 식사였습니다. 감사합니다.
My child enjoyed the food a lot. Everything we ordered was so delicious. Thank you so much.

4 10분뒤에 음식을 픽업하려고 합니다. 조리해주실 수 있나요?
I would like to pick up the food in 10 minutes. Could you please start cooking?

5 서비스로 음료수를 주셔서 감사해요. 아이가 친절한 아저씨가 있는 레스토랑이 좋다고 자주 얘기해요.
Thank you so much for the free drink. My child likes your restaurant. He always says he can meet a friendly waiter here.

※ 무료로 제공하는 음식을 service라고 하면 콩글리시가 됩니다. '공짜'를 나타내는 free를 활용해 표현하면 되죠.

6 현금이 부족한데 그랩이나 다른 페이 앱으로 결제 가능할까요?
I'm so sorry, but I don't have enough cash on me. Could I pay with Grab or another payment application?

※ 지금 내게 현금이 없다는 의미이므로 on me를 붙여 표현할 수 있습니다.

7 은행계좌로 송금해도 괜찮을까요? ATM까지 아이를 데리고 갔다 오기가 어렵네요.
Could I transfer to your bank account? It's difficult for me to get to an ATM with my child.

※ '현금인출기'는 ATM(automatic teller machine)이 가장 일반적인 표현입니다.

8 저희 아이가 입이 짧은 편인데 이 레스토랑 음식은 참 잘 먹어요. 자주 올게요.
My child is a picky eater, but he likes most of the food here in your restaurant. We will come back often.

※ '입이 짧다'는 식성이 까다롭다는 말이므로, picky를 활용해서 표현할 수 있습니다.

4 유치원 상담도 문제 없어요
방문 예약부터 철저히

원장님과 상담해보고 싶습니다.
I'd like to meet with your principal to discuss enrollment.

 아기띠에 안겨 버둥대던 아이가 걷기 시작하고 이제는 유치원도 갈 나이가 되었네요. 저희 아이는 코로나 기간을 지내다 보니 40개월이 넘어서야 등원을 할 수 있었답니다. 첫 유치원을 결정하기 위해 거의 6개월 넘게 찾아보고 다녀보고 면담을 했었습니다. 방문 예약을 위해 제가 했던 얘기들을 모았습니다.

• 꼭 알아둘 표현 •

1. 만 3세 아이의 엄마입니다. 유치원을 방문하고 원장님과 상담해보고 싶습니다. 언제가 가능할까요?
I'm a mom of a three-year-old child. I'd like to visit your school and meet with your principal to discuss enrollment. When would it be possible to meet her/him?

  ＊ 유치원부터 대학원까지 교육기관에 등록하는 것은 모두 동사 enroll, 그 명사형 enrollment로 표현할 수 있습니다.

2. 원장님과 면담 전에 유치원의 소개자료, 교육 프로그램, 식단, 학비, 일일 스케줄 등 자료들을 미리 받아볼 수 있을까요?
Before I meet your principal, do you mind e-mailing me your school's introduction, teaching programs, food menu, tuition, and daily schedule?

 음성 파일로 들어보세요!

• 더 알아둘 표현 •

3 올해 9월에 만 3세반에 입학 가능한지 궁금합니다.
I'd like to know if my child could join Nursery starting this September.

✱ 입학이나 프로그램 참여는 join으로 쉽게 표현할 수 있습니다.

4 아이의 입학 결정에 따라 이사날짜를 결정해야 됩니다. 가능한 빨리 만나뵐 수 있을까요?
I need to decide when to move depending on my child's enrollment. Could we meet as soon as possible?

✱ ~에 따른다고 할 때 according to도 좋지만, ~에 달려있다는 의미라면 depend on을 활용하는 것이 더 정확합니다.

5 위치가 지하철 입구에서 걸어갈 수 있는 거리인가요?
Is your school within walking distance of the subway station?

뉴스에 나오는 아동학대 소식을 접하게 되면 우리 아이도 행여 불행한 일을 겪지 않을까 걱정이 많아지죠. 대부분 원장 선생님들은 경험도 많고 저와 같이 걱정인형을 끼고 사는 엄마들에게 면역이 되어 있어요. 하지만 아이를 위해서 허술하게 넘어갈 수는 없지요. 원장 선생님의 교육 마인드, 그리고 담당 교사의 책임감과 인품을 조금이라도 엿볼 수 있어야 합니다.

6 안녕하세요. 저는 만 4세 아이를 키우는 엄마입니다. 아이가 현재 다니는 유치원의 여름 방학이 길어서 한달정도 짧은 프로그램을 찾고 있어요. ○○○ 유치원에도 단기 프로그램을 운영하나요?
Hi, I'm the mother of a four-year-old child. Since my child's school has a long vacation, I'm looking for a short program that will last about a month. Does your school offer such a program?

4 유치원 상담도 문제 없어요
원장 선생님과의 면담

다른 유치원과 차별화되는 점이 어떤 점인가요?
Can I ask what differentiates your school from others?

 유치원의 특성은 방문예약을 하면서부터 보이기 시작합니다. 좋은 곳은 방문예약도, 요청하는 자료에 대해서도 막힘이 없습니다. 아무리 규모가 크고 홍보를 많이 하는 곳이라도, 방문 예약부터 꽉 막힌 듯한 느낌을 받게 되면 관리의 부족함을 의심해 볼 필요가 있어요. 아이가 첫 사회경험을 하는 곳인데, 관리가 부실해 보이거나 아이의 특성을 이해 못할 듯한 선생님들로 구성된 유치원은 피해야겠지요.

• 꼭 알아둘 표현 •

1 만 3세 반에는 현재 몇 명의 아이와 교사가 있나요?
How many children and teachers are there in this Nursery class?

2 다른 유치원과 차별화되는 점이 어떤 점인가요?
Can I ask what differentiates your school from others?

  ＊ 교육 프로그램뿐 아니라 서비스나 상품 등의 '차별화'는 동사 differentiate로 표현할 수 있습니다.

 음성 파일로 들어보세요!

• 더 알아둘 표현 •

3 교사들은 정기적인 교육을 받고 있나요?
Do teachers at your school receive regular training?

4 오후 아이가 낮잠을 자지 않을 경우 어떤 활동들을 할 수 있나요?
What kind of activities can children do if they do not take a nap in the afternoon?

5 남자아이와 여자아이의 비율은 어느정도 되나요?
What is the ratio of boys and girls in a class?

※ rate와 ratio를 헷갈리기 쉽습니다. rate는 출생률, 입학률 등 특정 값을 표현하는 단어이고, ratio는 몇 대 몇인지를 말할 때 쓰는 단어입니다.

6 매일 어떤 프로그램으로 진행되는지 궁금합니다.
I'd like to know about the daily program for his age.

7 아이가 이런 높은 레벨의 학습을 이해할 수 있을까요?
Will such a high level of learning be too difficult for my child?

8 야외에서 활동하는 시간은 매주 몇 시간 정도 되나요?
How many hours a week do children play on the outdoor playground?

9 오후에 진행되는 별도의 프로그램에 대해서 알고 싶습니다.
I'd like to know about the additional afternoon program.

10 아이가 적응을 못할까 걱정이 많이 됩니다. 대부분 집에서 엄마와 시간을 보낸 편이에요. 이런 경우 어떤 방법이 있는지 조언 주실 수 있나요?
I'm worried that my child may not fit in. He has spent most of

his time at home with mom. Do you have any advice for us?

✱ '적응하다'는 adjust, adapt와 같은 단어를 떠올려 봐도 좋지만, fit in이 가장 유용합니다. 학교, 직장 등 어떤 조직에 잘 어울리는 모습을 fit in이라고 하죠.

11 첫 한 주는 엄마가 수업을 함께해도 될까요?
Is it possible for me to attend classes for the first week?

12 담임선생님과 따로 하루 일과에 대해서 면담을 하고 싶습니다.
I would like to meet the homeroom teacher to discuss daily activities.

 아주 꼼꼼히 설명하고, 질문에 대해 잘 답해주는 원장님도 있지만, "일단 제말부터 들어보세요"하는 보스형 원장님도 있어요. 더 답답한 경우는 영어를 유창하게 하는 receptionist가 영혼 없이 설명해 줄 때였습니다. 첫 면담부터 원장이 나타나지 않거나 늦게 오는 경우는 바로 리스트에서 제외시켰던 경험이 있어요.

13 아이가 영어가 아직 미숙합니다. 예스, 노 정도만 가능해요. 화장실을 가거나 불편한 부분을 얘기할 수 있도록 연습은 했는데 실제 상황에서 가능할지 걱정이 됩니다.
My child is working on learing English. He can only say "yes" or "no" so far. He has practiced saying that he wants to go to the restroom or he feels uncomfortable, but I'm not sure if he will do well in school.

✱ 부정적인 내용일수록 돌려 말하는 요령이 필요합니다. '미숙하다'도 immature라고 직설적으로 말할 수 있지만 아직 노력하고 있다는 의미로 working on처럼 표현할 수 있습니다.

14 아이에게 영어책도 읽어주고 페파피그 같은 심플한 영어 카툰은 접한 적이 있어요. 선생님의 지시를 이해하고 따르고 유치원에 적응하는 데 기간이 얼마정도 걸릴까요?
I read English books with my child, and he watches cartoons like Peppa Pig. How long will it take for him to understand teachers' instructions and adjust to school?

15 아이가 괴롭힘을 당하거나 친구들을 사귀지 못한 경우 어떻게 도와주시나요?
How do you help if a child gets bullied or is not making friends at school?

✱ bully는 괴롭힌다는 뜻의 동사로도 쓰이고 '타인을 괴롭히는 사람'을 가리키는 명사도 됩니다.

16 유치원에서 음식을 직접 조리하시나요? 아니면 다른 업체에서 배달 받으시나요?
Is the food cooked by the school or delivered by a catering service?

17 셔틀버스는 운영 하시나요? 담당 선생님께서 동행하시나요?
Does your school run a shuttle bus? Do teachers accompany the children?

✱ 버스와 같은 교통편을 운행하는 것은 동사 run으로 표현합니다.

18 저는 아이가 학대당하거나 폭력에 노출되는 것을 매우 걱정하고 있습니다.
I am extremely concerned about my child being abused or exposed to violence at kindergarten.

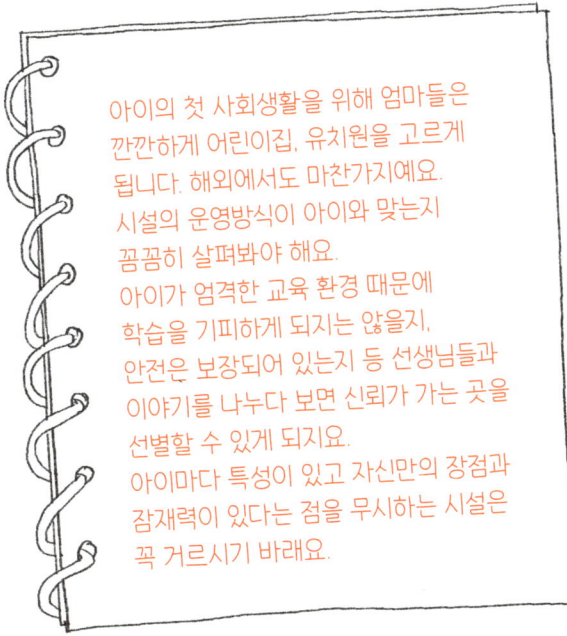

4 유치원 상담도 문제 없어요
아이에 대해 선생님께 설명하기

아이가 계란/견과류 알러지가 있습니다.
My child is allergic to eggs/nuts.

원장 선생님과 담당 선생님들도 아이에 대해 듣고 싶은 내용들이 있어요. 아이의 기질은 어떤지, 부모와 상호작용은 잘 하는지, 친구들과 잘 어울리는지, 알러지는 없는지 등을 물어봅니다. 저는 특별히 식사 관련된 부분에 대해서 설명을 많이 드렸어요. 아이가 밥을 안 먹으려 하면 굳이 먹이지 말라고 신신당부를 했습니다. 선생님들은 아이들이 배고프지 않게 식사를 끝낼 수 있도록 해야 된다는 책임감 때문에 아이의 어려움을 잘 이해하지 못할 수도 있습니다. 아이가 어려움을 겪는 부분은 꼭 원장님과 담당선생님께 설명을 해주시기 바랍니다.

• 꼭 알아둘 표현 •

1 아이가 계란/견과류 알러지가 있습니다.
   My child **is allergic to** eggs/nuts.
   ✱ '~에 알러지가 있다'에 해당하는 영어 표현이 be allergic to ~입니다.

2 아이가 편식이 심한 편입니다. 식사시간에 밥을 남겨 배고플 수도 있지만 억지로 먹일 필요가 없습니다.
   My child is a very picky eater. He may **leave food** and say he feels hungry, but you don't have to **force him to eat**.

음성 파일로 들어보세요!

• 더 알아둘 표현 •

3 아이가 고기를 잘 씹지 못하는 편입니다. 고기반찬은 많이 안 주셔도 됩니다.
My child can't chew meat well. It's fine to give him less of it.

4 아이가 향식료에 민감한 편이여서 가끔 밥을 안 먹을 수도 있습니다. 빵이나 과자를 주셔도 괜찮습니다.
My child is a bit sensitive to different spices, so he might not want to eat lunch sometimes. It's okay to give him bread or cookies.

* 양념을 뜻하는 spice는 향신료를 의미하기도 합니다. 향신료가 바뀌는 데 민감하다는 뜻이므로 difference spices에 민감하다고 표현하면 되겠습니다.

5 아이는 왼손잡이 입니다. 글자를 반대로 쓸 수도 있고 쓰는 속도가 매우 느립니다. 천천히 배워도 괜찮습니다. 저희가 가장 중요하게 생각하는 부분은 아이가 배움에 흥미를 잃지 않게 하는 것입니다.
My child is left-handed. He might have a mirroring issue when he is writing letters. And he might be slow when he's writing the alphabet. It's fine for him to learn slowly. What's most important is that we don't want him to lose interest in learning new things.

* 다른 아이들처럼 빨리 이해하지 못하거나 어려움이 있다면 쉽게 slow하다고 표현하면 됩니다.

6 아이가 블록 등 손으로 조립하는 놀이에 관심이 많습니다.
My child has more interest in playing with blocks and assembling things.

7 아이가 알파벳을 쓰고 단어를 기억하는 데는 많이 느릴 수 있어요.
My child can be a little slow when he learns letters and words.

8 아이가 의자보다 바닥에 앉으려고 할 수도 있어요. 몇 주 정도 시간이 지나면 나아질 거라고 생각합니다.

My child is not familiar with sitting in a chair. He is more familiar with sitting on the floor. I expect he will get better after several weeks.

✱ 차차 좋아질 거라고 말할 때 가장 일반적인 표현이 improve와 get better입니다.

9 아이가 놀이를 할 때 움직임이 매우 빠르고 힘도 쎈 편입니다. 놀이터에서 꼭 지켜봐 주시기 바랍니다.

When he plays, my child moves very quickly and is quite strong. Please watch him carefully at the playground.

 등록 후 첫 한 주 동안 유치원 생활을 참관할 수 있었습니다. 유난히 밥을 안 먹는 아이가 있었는데, 선생님 여러 명이 바꿔가면서 아이에게 억지로 밥을 먹이기 시작했어요. 밥을 안 먹으면 교무실에 가야 한다, 한 숟가락만 먹어보자, 두 번만 씹어보자. 이런 식으로 달래며 겨우 밥을 먹이는 모습을 보니 저는 마음이 무거웠습니다. 가끔 저희 아이도 집에 오면 유치원 밥이 싫다고 울 때가 있었어요. 도시락을 몇 개월 정도 싸서 보낸 적도 있었답니다. 선생님의 책임감도 이해하지만, 아이에게 무엇이 필요한지 선생님에게 잘 전달하는 것이 더 중요하다는 생각을 해봅니다.

10 아이가 집에 오면 오전 수영 수업이 싫다고 여러 번 얘기해주었어요. 아마도 차가운 물 때문에 많이 추위를 타지 않나 싶습니다. 오전 수영수업에 참석하지 않을 경우 다른 선생님께서 같이 놀이를 해 주실 수 있을까요?

My child told me several times that he didn't like swimming. I think it's because the water is cold and he feels cold after swimming. If he doesn't attend the swimming class in the morning, is there any teacher who could play with him elsewhere?

11 저희 아이는 어른의 긍정적인 피드백을 많이 원합니다. 아직 영어가 미숙하여 잘 표현을 못하더라도 긍정적인 피드백을 부탁드립니다. 자신감을 얻어 더 빨리 배울 수 있을 것 같습니다.

My child always wants positive feedback from adults. His

English is not perfect yet, but please praise him more. It will help him be more confident and learn faster in school.

* 칭찬한다고 할 때 쓸 수 있는 동사가 compliment와 praise입니다.

12 아이가 물건을 만져보고 체험해보아야 잘 이해하는 편입니다. 종이에 글을 쓰는 방식으로 공부하는 데는 속도가 느리고 흥미를 쉽게 잃을 수 있어요.

My child prefers to learn new things through touching and experiencing. He's slower to learn from writing on paper and can lose interest easily.

아이가 첫 단체생활인 어린이집이나 유치원에서 잘 적응하려면 최소한의 소통 능력과 자기조절 능력이 필요해요. 아이가 그런 능력을 아직 갖추지 못하였다면 엄마가 아이의 특성을 담당 선생님께 자세히 전해주어야 단체생활에 큰 도움이 된다고 생각합니다.
신경 쓰이고 부족해 보이는 부분도 꼭 말씀해 주세요. 그래야 담임선생님이 더 유연하게 대처할 수 있어요.

5 여행을 즐겨보자
공항과 호텔에서

> 불편을 끼쳐드리지 않도록 하겠습니다.
> **I will do my best to make him be quiet.**

 비행기에서 우는 아이의 부모에게 큰소리로 욕을 하는 남성의 영상을 유튜브에서 본 적이 있습니다. 저도 아이가 4개월 때 그리고 돌 지나서 어쩔 수 없이 장거리 비행을 했는데, 아이가 도무지 앉아 있지 못하고 자지러지게 울던 기억이 있습니다. 공항이나 비행기 안, 그리고 호텔에서 어떻게 말하고 도움을 요청할지 알아보아요.

• 꼭 알아둘 표현 •

1 아이가 시끄럽게 해서 너무 죄송합니다. 불편을 끼쳐드리지 않도록 하겠습니다.
I'm so sorry for my child's noisiness. I will do my best to make him be quiet.

   * 아이가 보인 noisy한 모습에 대해 사과를 하는 것이므로 noisy의 명사형 noisiness가 적절합니다.

2 조식포함 시 만 3세 아이는 식사가 무료로 제공되나요?
If breakfast is included, will my three-year-old child also get a free meal?

 음성 파일로 들어보세요!

• 더 알아둘 표현 •

3 일정을 변경하려고 합니다. 같은 좌석으로 일정을 한 주 뒤로 변경 가능할까요?
I'd like to change our flight. Would it be possible to move our flight back one week and keep the same seats?

✱ 일정을 뒤로 미루는 것은 push back, move back, 앞으로 당기는 것은 move up이라고 하면 됩니다.

4 아이도 어른과 같은 요금이 적용되나요?
Would it be the same rate for children?

✱ 상품의 가격이 아니라 서비스 요금은 보통 rate라고 합니다.

5 예약할 때 아이의 영문 이름을 잘못 입력하였습니다. 온라인으로 변경 불가하여 고객 센터로 전화드렸습니다.
I misspelled my child's English name when I reserved tickets. It's not possible to change it on the website. That's why I called the customer center.

아이를 데리고 장거리 비행을 했던 기억을 더듬어보면, 1분 1초도 긴장감에서 벗어나지 못했던 상황들이 지금도 생생히 떠오릅니다. 두렵기도 했고요. 특히 공항이나 비행기 안, 호텔에서는 갑자기 돌발 상황들이 많이 생기니, 다양한 표현들을 미리 생각해 두는 것이 좋습니다.

6 죄송하지만 탑승 시간까지 20분밖에 남지 않았는데 먼저 검색대를 통과할 수 있을까요?
Sorry for the inconvenience, but we only have 20 minutes left until our flight boards. Can we go through security first?

✱ board는 동사로 탑승한다는 뜻을 지닙니다. 사람이 탑승한다는 뜻도 되고, 비행기가 탑승을 시작한다는 의미도 됩니다.

7 아이가 갑자기 화장실이 급하다고 하는데 화장실을 이륙전에 사용해도 될까요?
My child needs to use the restroom. Can we quickly go

before take-off?

* 용변을 보는 것도 직설적으로 얘기할 필요 없이, use the restroom, go to the bathroom처럼 말하면 됩니다.

8 스낵을 더 부탁드려도 될까요? 아이가 자꾸 달라고 해서 부탁드릴게요.
Could we get more snacks? My child wants to eat more. Thank you so much.

9 아이가 불편하게 해드렸는데 많은 도움 주셔서 감사합니다.
I'm sorry that my child caused an inconvenience, but it was very kind of you to understand and help.

* '불편'을 말하는 inconvenience는 셀 수 있는 명사이므로 an을 붙여 말합니다.

10 액티비티 센터와 어린이 놀이터 위치를 알고 싶습니다. 이 위치까지 호텔에서 차량을 운행하시나요?
Where are the activity center and the playground? Do shuttle buses run to these facilities?

11 이 식당은 아이가 이용 가능한가요? 몇 시까지 운영하시나요?
Does this restaurant serve food for children? What time is the last order?

* 식당에서라면, 몇 시까지라는 말을 until when처럼 표현해도 되지만, '마지막 주문 시간'을 묻는 것이 가장 좋습니다.

12 호텔룸을 업그레이드 하는 조건으로 예약했습니다. 업그레이드 가능한 방으로 부탁드릴게요.
I booked the room on the condition of a free upgrade. Please give us an upgraded room. Thank you.

* book은 reserve와 마찬가지로 '예약하다'라는 뜻을 지닌 동사로 쓰입니다.

 음성 파일로 들어보세요!

어릴 때 부모와 여행을 자주 간 아이들은 가족과 시간을 보내는 것을 행복해한다고 해요.
의도치 않게 여러 번 장시간 비행을 경험한 송송은 이젠 공항에 도착하면 늠름하게 잘 기다리고 엄마를 도와주기도 한답니다.
아이들은 어느새 훌쩍 커버리니, 아이와의 여행에 두려움이 앞서더라도 작고 소소한 추억을 쌓아보기 바랍니다.

5 여행을 즐겨보자
여행지에서

> 보트에 두 살짜리 아이가 탈 수 있나요?
> **Can a two-year-old boy ride this boat?**

두 돌 된 아이를 데리고 르당이라는 섬에 간 적이 있습니다. 바다가 깨끗하고 아이들이 체험할 것들도 많다고 하여 후기를 열심히 찾아보고 여행을 떠났어요. 푸른 바다와 맛있는 현지 음식으로 여유가 넘치는 여행을 기대했던 저희 부부는 2박 3일동안 아이와 놀아주느라 녹초가 되었고, 대부분 시간을 1m 깊이가 안 되는 호텔 어린이 수영장에서 보냈던 기억이 있어요. 하지만 아이만 즐겁다면 그 정도는 감수할 수 있는 게 부모 마음 아니겠어요. 여행지에서 필요한 표현들을 모아 보았습니다.

• 꼭 알아둘 표현 •

1 보트/놀이기구에 두 살짜리 아이가 탈 수 있나요?
Can a two-year-old boy ride this boat/play machine?
✻ 교통수단뿐 아니라 보트나 놀이기구 같은 것을 타는 것도 ride로 표현할 수 있습니다.

2 아이가 많이 무서워해서 액티비티를 하기 어렵겠네요. 비용을 환불 받을 수 있을까요?
My child is too scared to do this activity. Can I get a refund?

음성 파일로 들어보세요!

• 더 알아둘 표현 •

3 어린이 놀이터는 몇 시부터 운영하나요? 담당자가 상주하나요?
When does the children's playground open? Is there anyone looking after the children there?

  ✱ '담당자'는 아이들의 안전을 돌보는 사람을 의미하므로 look after를 활용하여 적절히 표현할 수 있습니다.

4 아이에게 맞는 구명조끼가 있나요? 보트를 타는 동안 아이를 안고 탈 수 있나요?
Do you have any lifejacket for children? Can I hold him in my lap while we're riding the boat?

  ✱ 안고 타는 모습을 묘사할 때 '안다'라는 뜻을 지닌 hug, embrace를 쓰면 오히려 어색합니다. 무릎 위에 앉히고 탄다는 의미로 hold him in my lap처럼 표현하는 것이 자연스럽습니다.

5 만약 사고가 나면 안전요원이 근처에서 구조를 할 수 있나요?
Is there a lifeguard or a security who will come and rescue us in case of an accident?

아이와 여행을 떠나본 분은 공감하실 거예요. 여행을 계획할 때부터 부모는 기대에 부풀어 있지만, 아이는 정작 여행코스에 관심이 없거나 쉽게 피곤해하죠. 계획했던 여러 액티비티는 안전에 문제가 있어 취소해야 하는 경우도 생깁니다. 여행에서 가장 중요한 건 안전이 아닐까 생각됩니다. 안전과 관련된 표현들도 보겠습니다.

6 보트/놀이기구에 어른도 같이 탈 수 있나요? 안전벨트가 잘 채워지지 않습니다.
Can adults ride the boat/play machine with children? We couldn't fasten the safety belt. It's not working well.

7 물놀이 튜브를 어디서 살 수 있나요? 안전조건에 부합되는 제품인가요?
Where can I buy a swim float? Do these products comply with safety regulations?

  ✱ 규정에 부합하는 것을 comply with라고 합니다.

8 아이가 벌레에 물렸습니다. 응급처치를 할 수 있는 곳을 알려주세요.

My child got bitten by a bug. Please let me know where he can get treatment.

✱ 어떤 일을 '당했다'고 말하기 위해 소위 '수동태' 문장을 쓸 때, 'be+과거분사'와 'get+과거분사'는 약간의 의미 차이가 있습니다. get을 쓰면 예상치 못한 일을 겪는다는 뉘앙스가 있죠. 그래서, 사고로 다치거나 여기처럼 벌레에 물리는 것을 말할 때는 get이 자연스럽습니다.

9 아이가 급체를 했습니다. 여기에서 가장 가까운 병원은 어디에 있나요? 호텔에 진료소가 운영이 되고 있나요?

My child has severe indigestion. Can you tell me where the nearest hospital is? Is there any kind of medical clinic in your hotel?

✱ 소화불량을 뜻하는 indigestion을 활용해 체했다는 의미를 전달하면 됩니다.

부모가 최선을 다해 아이에게 즐거운 여행을
선물해도 아이는 여행지에서 징징대거나
밥투정을 하기 십상이죠. 아이를 돌보느라
여행지에서도 부모들은 심신이 지치게 됩니다.
아이가 커가면서, 부모의 노고와 부모에 대한
감사의 마음을 자주 말해주게 된답니다.
주어진 모든 것이 당연하지 않다는 점을 아는
아이로 크기를 바랄 뿐입니다.

6 스몰 토크와 파티
외국인 엄마들과의 스몰 토크

놀이터에서 만나서 함께 놀아요.
Let's meet at the playground, and our children can play together.

 남편의 해외발령으로 저는 4개월된 아이를 데리고 말레이시아에서 육아를 시작하게 되었습니다. 가족도 친구도 동료도 없는 도시에서 퇴근하는 남편을 기다리며 전쟁 같은 날들을 보내던 저에게 가장 힘이 된 건 같은 아파트 단지와 문화센터에서 만난 엄마들이었어요. 정보공유는 물론 육아의 어려움도 공감해주고 같이 놀이로 시간을 보낼 수 있었던 날들이 저에게 큰 힘이 되어주었답니다. 해외에서 다른 국적의 엄마를 만난다면 자신있게 이야기를 시작해보기 바랍니다.

• 꼭 알아둘 표현 •

1 아이가 몇 살인가요? 어느 유치원/학교에 다니나요?
How old is your child? Which school/kindergarten does he/she go to?

2 아이가 심심해하면 놀이터에서 만나서 함께 놀아요.
If your child feels bored, let's meet at the playground, and our children can play together.

 음성 파일로 들어보세요!

• 더 알아둘 표현 •

3 아이가 유치원/학교에 잘 적응하고 있나요? ○○○ 유치원/학교는 규모가 큰가요?
Does your child enjoy going to school? How big is the school?

4 아이는 형제/자매가 있나요? 성격이 너무 밝고 친절하네요.
Does he/she have siblings? He/she is so lively and friendly.

✱ 형제자매는 brothers and sisters라고 해도 되고, siblings라고 해도 좋습니다.

5 요즘 아이가 주말에 다니는 문화센터나 체육시설이 있나요?
Does he/she do any activities in weekends?

✱ '체험활동을 하다'에서 '하다'는 우리말과 같이 do로 쉽게 표현할 수 있습니다.

6 저희 아이가 낯가림이 심해서 친해지려면 조금 시간이 필요하답니다.
My child is a bit shy and needs time to get acquainted with new people.

✱ 남녀노소를 불문하고 낯가림을 하는 경우 shy라고 표현하면 됩니다. 서로 익숙하고 친해지는 것은 acquainted라고 하죠.

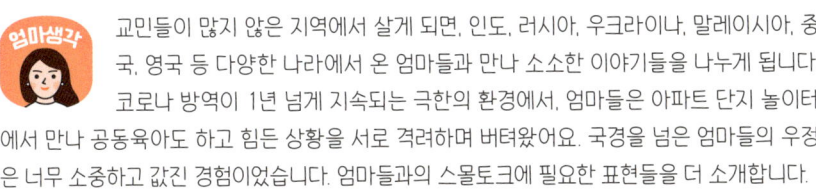
교민들이 많지 않은 지역에서 살게 되면, 인도, 러시아, 우크라이나, 말레이시아, 중국, 영국 등 다양한 나라에서 온 엄마들과 만나 소소한 이야기들을 나누게 됩니다. 코로나 방역이 1년 넘게 지속되는 극한의 환경에서, 엄마들은 아파트 단지 놀이터에서 만나 공동육아도 하고 힘든 상황을 서로 격려하며 버텨왔어요. 국경을 넘은 엄마들의 우정은 너무 소중하고 값진 경험이었습니다. 엄마들과의 스몰토크에 필요한 표현들을 더 소개합니다.

7 오늘 간식을 조금 준비해보았어요. 아이들의 입맛에 맞을지 모르겠네요.
I prepared some snacks for the children. I hope they like them.

8 수영을 가르쳐 주고 싶어서 수영 선생님을 알아보고 있어요. 수영을 따로 가르치나요?

I'm looking for a swimming teacher for my child. Do you have one for your child?

9 이번주 ㅇㅇㅇ 공원에 같이 가 보실래요? 아이들도 산책하고 동물들도 볼 수 있어요.

How about going to the ooo park with the kids this week? They can walk around and see animals there.

10 저희 아이가 아직 말이 서툴다보니 원하는 것을 말로 표현하지 못할 때도 있어요. 아이들이 다치지 않게 제가 최대한 옆에서 보고 있을게요.

My child is still learning the language. Sometimes, he can't communicate exactly what he wants. I will watch the kids closely so that no one gets hurt.

✱ communicate은 '소통하다'이지만 소통을 통해 어떤 내용을 전달한다는 의미도 지닙니다. 이 때는 위 예문처럼 뒤에 목적어가 바로 나올 수 있습니다.

11 아이들이 크면 괜찮아질 거예요. 너무 염려 마세요.

It will be much better when they grow up. Don't worry too much.

아파트 단지 내 놀이터에서 엄마들 사이의 스몰토크는 피할 수 없어요. 하지만 서로 정보를 공유하다 보면 자신과 아이에게 확신이 없어지고 귀가 얇아지기도 하죠.
자신도 모르게 타인의 아이와 비교하게 되고 욕심을 내게 된답니다. 비교하는 심리 때문에 주객이 전도되지 않도록 항상 마음을 다잡고 지내고 있습니다.

6 스몰 토크와 파티
파티 준비하기

12월 1일에 아이의 생일파티를 열려고 합니다.
I'm planning my child's birthday party on December 1st.

아파트 단지에서 아이들의 생일이 되면, 어른들도 즐기고 아이들도 신나하는 작은 파티들이 자주 있었습니다. 처음에 저는 파티문화에 익숙하지 않아 어색했습니다. 아이가 말썽을 일으킬까 걱정도 했고요. 하지만 걱정과 달리 대부분 부모님들은 아이들의 실수에 너그러운 편이더군요. 그 덕분에 저도 잠깐이나마 어른들과 대화도 나누고 아이에게서 해방될 수 있었어요. 파티에 필요한 표현들은 어떤 것인지 알아보도록 해요.

• 꼭 알아둘 표현 •

1. 12월 1일에 아이의 생일파티를 열려고 합니다. 어린이 놀이실에서 음식과 간단한 장난감을 준비할 예정이에요. 부담없이 놀러와주세요.
   I'm planning my son's birthday party on December 1st. I will prepare some snacks and toys for the kids. Please come and join the party if **you and your child are free** that day.

   ＊ '부담'이라는 우리말도 영어단어 하나로 표현하기 어렵습니다. 경제적 부담을 얘기할 때와 편한 마음상태를 얘기할 때의 영어 표현이 다르죠. 여기서는 다른 일정이 없으면 와 달라는 의미이므로 free를 활용하는 것이 가장 적절합니다.

2. 다음달에 영국으로 돌아간다고 하니 너무 아쉬워요. 코로나때 아이들이 그나마 매일 놀이터에서 만나 놀 수 있어서 힘든 시간을 이겨냈어요. 고마워요.
   I'm so sad that your family is going back to the UK next

음성 파일로 들어보세요!

month. During the Covid pandemic, our kids played together at the playground, and we were able to go through the hard times together. Without you, it would have been much more difficult for me. Thank you so much.

✶ 어렵고 힘든 시절은 우리말과 비슷하게 hard times라고 표현하면 됩니다.

• 더 알아둘 표현 •

3 힘들 때 도움 많이 줘서 고마워요. 저희 아이가 어릴 때 행동도 서툴고 많이 울기도 해서 시끄러웠을텐데 이해해줘서 진심으로 감사했어요.
Thank you so much for your help when I was having a hard time. My child was immature and noisy when he was little. It must have been stressful for you, but thank you so much for your understanding.

4 이젠 ○○ 엄마도 직장생활을 다시 시작하게 돼서 너무 축하드려요. 아이들이 어릴 때 둘이 서로 의지하며 육아할 때가 어제 같아요.
Now you are going back to work. Congratulations! It feels like just yesterday that we were taking care of our children together.

✶ 요즘 경력단절이라는 말을 많이 하는데요, 다시 일을 시작하는 경우 쉽게 go back to work라고 표현하면 됩니다.

5 엄마도 신이 아니니 실수할 때도 있고 감정기복이 있을 수도 있죠. 화냈다고 너무 자책하지 말아요.
Don't be so hard on yourself. Mothers are not gods. We can make mistakes and feel awful sometimes.

✶ be hard on oneself는 자신에게 너무 엄하고 가혹한 것, 즉 자책하는 모습을 가리킵니다.

파티나 모임을 주최하는 엄마는 SNS 단체 방에 일정이나 규모에 대해 공지하게 되죠. 참여하는 엄마들도 갖고 올 수 있는 음식, 장난감들을 공유합니다. 파티의 주최자가 되었다면 꼭 필요한 표현들도 소개합니다.

6 12월 1일에 아이들을 위한 작은 모임을 진행하려고 하는데 시간 가능하신 엄마들은 답변 부탁드려요.

I'm planning a small gathering for kids on 1st December. Please let me know if you could join us.

✱ '알려달라', '답변 부탁한다'라는 우리말은 언제든 영어 let me know로 표현할 수 있습니다.

7 12월 1일에 저는 피자를 준비하도록 할게요. 혹시 같은 음식을 준비할 수 있으니 생각하신 음식이나 장난감들을 공유해주세요.

I will get some pizza for December 1st. To avoid bringing the same food, please share the types of food and toys that you can bring.

✱ '준비하다'를 언제나 prepare로 표현할 필요는 없습니다. 파티에 어떤 음식을 가져가는 것을 의미하므로, get이나 bring과 같은 기본 동사를 활용해도 됩니다.

8 크리스마스 파티에 풍선/슬라임/블록/컵케익/의상 등을 준비해볼게요.

I will prepare balloons/slime/blocks/cup cakes/costumes for the Christmas party.

9 아이의 생일인데 유치원에서 파티를 준비하실 수 있나요? 제가 음식과 작은 선물들을 준비해볼게요.

Will kindergarten arrange a birthday party for my child? I will bring food and goodie bags.

✱ 파티를 여는 것은 throw a party 혹은 arrange a party라고 하면 됩니다.

10 아이들이 벌써 네살이 되었네요. 두살때부터 만났는데 이젠 걷기도 뛰기도 하고 스스로 놀이할 수 있다니 너무 신기해요.

Our kids are turning 4 years old. They met when they were only 2. It's so amazing that they can walk, run, and play all by themselves now.

✱ 몇 살이 되었다고 할 때는 become뿐 아니라 turn 다음에 나이를 적어도 좋습니다.

음성 파일로 들어보세요!

아이들의 소소한 파티와 생일파티는, 주최하는
가족이나 초대받은 가족에게 마냥 편하지만은 않아요.
제 경우 파티에 참석한 부모들의 영어가 잘 안 들려
자괴감이 들 때도 많았답니다.
파티에서 아이가 울고 떼를 부릴 때도, 저만 평범한
차림으로 파티에 간 것을 발견했을 때도, 아이를
원망하거나 저를 자책하지 않습니다.
오히려 스스로에게 진심으로 친절한 엄마가 되려고
노력 중입니다.

엄마의 손 편지 1

어린이집이나 유치원을 보낼 수 있는 나이가 되어 부모도 한숨 돌리려고 하면 또 다른 난관이 버티고 있지요. 바로 단체 생활에 적응하는 일이랍니다. 더욱이 '코로나 베이비'라고 불리는 아이들은 발달에 결정적인 역할을 하는 나이에 부모와 갇힌 공간에서 지낸 탓에, 낯선 사람들을 쉽게 경계하고 단체생활을 힘들어합니다.

송송도 40개월이 다 되어서야 유치원을 다니기 시작했는데, 아침마다 엄마의 다리를 꼭 껴안고 대성통곡하기 일쑤였답니다. 어르고 달래고 다독여봤지만 매일 아침 같은 상황이었습니다.

그리하여 최후의 방법으로 생각해 본 것이 바로 편지였어요. 유치원 선생님께도 설명을 드리고, 서툴지만 귀여운 그림과 사랑의 메시지를 넣어 엄마와 헤어지는 순간 손에 편지를 쥐어주었어요. 대성통곡하려고 준비했던 송송도 매일 새로운 그림이 있는 종이가 생기니, 울기보다는 엄마의 편지를 궁금해하며 씩씩하게 잘 들어가기 시작했어요.

떼 부리고 우는 날도 있었지만 엄마의 편지 덕분에 적응 기간을 무사히 건너온 것 같아요. 선생님의 말씀으로는 낮잠 시간에 엄마의 편지를 꺼내 그림들을 보고 다시 주머니에 꼭 넣어 둔다고 하네요. 작은 편지 속에 엄마의 안쓰러운 마음, 사랑하는 마음을 보여줄 수 있어, 편지를 준비하면서 저도 많이 행복했습니다. 아이가 아직 새로운 환경에 적응 중이라면, 작은 편지 추천드리고 싶어요. 엄마의 사랑, 엄마의 걱정, 아이에 대한 믿음까지 살포시 전해주세요.

Good morning, honey.
What is the mission today?
Yes.
Enjoy healthy food and be kind to everyone.
You're doing great.
See you after class.

—

송송아 안녕.
오늘의 미션은 뭐지? 그래.
건강한 음식을 즐기고 모든 사람에게 친절하자. 우리 송송이 잘하고 있어.
수업 마치고 만나자.

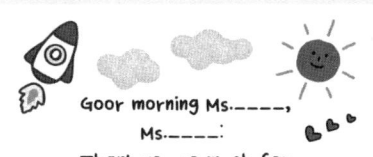

Good morning, Mr. Justin and Ms. Sabrina.
Thank you so much for making Songsong feeling comfortable and happy at school.

Honey,
Everyone feels nervous. It's fine.
Mommy is always with you.
Don't worry. You're the best!
Always love you.
Happy monster will be with you!
Have fun at school.

저스틴 선생님, 사브리나 선생님.
아이가 학교에서 편안하고 행복하게 해주셔서 너무 고마워요.

사랑하는 송송,
누구나 긴장할 때가 있어. 괜찮아. 엄마는 항상 함께할 거야.
걱정하지 마. 송송이는 최고야! 항상 사랑해.
해피몬스터가 항상 함께할 거야!
학교에서 즐거운 시간 보내.

Mr. Justin and Ms. sabrina,
Thank you for your patience and warm care for Songsong.
Songsong, You're a star. You're doing great!
Mommy is so proud of you! Try your best!
Love you! Kiss you!
See you after the class.

저스틴 선생님, 사브리나 선생님.
아이를 위해 인내해 주시고 따뜻한 관심을 가져주셔서 감사합니다.

송송아, 너는 별과 같은 존재야. 아주 잘하고 있어!
엄마는 송송이가 자랑스러워! 최선을 다하자!
사랑해! 엄마가 키스해 줄게! 수업 끝나고 보자.

Chapter·4
아이의 끝없는 호기심들

가사에 지쳐 있는 엄마는 "왜?"라는 아이의 질문을 받으면 귀찮을 때가 대부분이에요. "그만 질문하면 좋겠다"라는 말이 목젖까지 올라와도 꾹 참고 이것저것 말해준답니다. 아이와 함께 책을 읽으면서 저도 잊고 지냈던 많은 상식들을 떠올리게 돼요. 한국어로만 육아를 하는 엄마들보다 조금 더 어려운 부분이라면, 아이가 영어로 설명을 원할 때가 많다는 점이에요. 영어로 설명하려니 엄마는 거의 까막눈에 가깝네요. 아이를 위해 오늘도 조용히 구글 검색을 해본답니다. 세상의 모든 부모님들 응원해요!

1 아이의 끝없는 호기심들
이건 나무고 이건 꽃이야

> 나뭇잎을 꺾으면 식물이 아프게 돼.
>
> **If you pick off the tree leaves, the trees will get sick.**

아파트 단지 놀이터에 모인 두세 살 아이들은 풀과 꽃에 관심이 많습니다. 한 아이가 풀잎을 뜯기 시작하면 우르르 몰려와 함께 신나게 뜯기 마련이에요. "풀잎, 꽃을 뜯으면 안 돼." 라고 말하면 질문공세가 이어지지요. "왜 풀잎을 뜯으면 안 돼?"로 시작해서 꽃은 왜 생겨났는지, 어디서 왔는지, 엄마한테 물어보고 쪼르르 달려가 다른 아이들한테 자랑스럽게 얘기해줍니다. 엄마도 설명이 어려울때는 급히 핸드폰으로 영어사전을 찾아보아요. 아이들이 처음으로 접하는 자연속의 풀, 꽃 등 식물들을 어떻게 설명해줄지 알아볼까요.

• 꼭 알아둘 표현 •

1 나뭇잎과 꽃을 꺾으면 식물이 아프게 돼.
If you pick off the tree leaves and flower petals, the plants will get sick.
* 우리말로는 꽃을 꺾는다고 하는데, 이에 해당하는 영어 동사는 pick입니다.

2 열매에는 씨앗이 있어. 씨앗을 심으면 새싹이 나오고 나무가 만들어져.
All fruits have seeds. If we plant seeds, they will sprout and grow into a tree.
* 싹이 돋아나는 모습을 묘사하는 동사가 sprout입니다. 콩나물을 bean sprout라고 하는 데서 보듯 명사로도 쓰입니다.

음성 파일로 들어보세요!

• 더 알아둘 표현 •

3 나뭇잎은 왜 푸를까. 나뭇잎에는 엽록체가 들어 있어. 엽록체는 햇살, 물 그리고 공기로 식물에게 음식을 만들어 주지.

Why are leaves green? It's because leaves have something called chloroplast inside them. With sunlight, water, and air, chloroplast makes food for the plants.

✱ 어려운 과학 개념을 설명해 줄 때는 '~라고 불리는 것'이라는 의미로 something called ~와 같은 표현을 쓰는 것도 좋겠죠.

4 꿀은 누가 만들지? 꿀은 꿀벌이 꽃에서 모아서 벌집으로 가져 가면 만들어져.

Who makes honey? Honeybees collect honey from flowers and store it inside their beehive.

5 아기새, 다람쥐, 작은 동물들은 나무 열매를 먹고 살아. 그리고 씨앗을 바닥에 버리면 싹이 나고 나무가 생기는 거야.

Birds, squirrels, and small animals eat fruit from trees. And they leave seeds on the ground. Then these seeds grow to become new plants and trees.

6 나무 뿌리는 나무에게 물을 보내주는 파이프와 같아. 뿌리가 아프게 되면 나무는 물을 마실 수 없겠지?

Roots are like pipes that pump water up to the trees. If a tree's roots get hurt, the tree can't drink water, right?

7 망고는 망고나무에서, 바나나는 바나나 나무에서 자라나. 마트에서 자라는 게 아니야.

Mangoes grow from mango trees, and bananas from banana trees. They don't grow in a supermarket.

1 아이의 끝없는 호기심들
구름아 구름아

물방울들이 모여서 구름이 되었네.
Water particles gather together to create clouds.

 구름이라는 발음이 귀여운지 아이는 어릴때부터 '구르미, 구르미' 하면서 하늘 보기를 좋아했답니다. 구름을 자기의 귀여운 친구로 생각하는 듯 보였어요. 해, 달, 번개 그리고 천둥이 있을때면 꼭 도톰한 손으로 하늘을 가르키며 신기한 물건을 발견한 듯 소리지르고 물어보기도 하지요. "저 빛은 무엇인가요? 왜 비가 올까요? 왜 해님은 집에 가는거에요?" 이런 질문들을 그냥 지나칠 수 없지요. 아이가 이해할 수 있게 가볍게 설명해주지만 쉽지는 않습니다. 어떤 답을 해줄 수 있을지 알아볼까요.

• 꼭 알아둘 표현 •

1 구름은 뭐로 만들어졌을까? 구름은 작은 물방울들이 하늘로 올라가서 만들어진거야. 물방울들이 모여서 토끼 모양, 공룡 모양의 구름이 되었네.
What clouds are made of? Clouds are made of small water particles that go all the way up to the sky. These particles gather together to create clouds shaped like a rabbit and a dinosaur.

✱ particle은 작은 입자를 말합니다.

2 해님이 하늘에 나타나면 낮, 달님이 하늘에 나타나면 밤이야. 해님은 우리가 깨어 있는 동안 밝은 빛을 보내줘. 달님은 우리가 쿨쿨 잘 수 있게 토닥토닥 해주지.
When the sun appears in the sky, it's daytime. When the moon is out, it's nighttime. Sun gives us light while we are

 음성 파일로 들어보세요!

awake, and the moon soothes us while we're sleeping.

✱ soothe는 마음을 진정시키거나 달래 준다는 뜻입니다.

• 더 알아둘 표현 •

3 가끔은 구름들이 엄청 커질때가 있어. 구름이랑 구름이 부딪히면 번개가 번쩍 하고 나타나.
Sometimes clouds get really big. When clouds run into each other, they make a flash of lightning.

4 천둥은 번개가 칠 때 우르릉 쾅! 하는 소리야. 괜찮아. 엄마가 꼭 안아줄게.
Thunder is the loud rumbling sound made when lightning flashes. It's okay. Let Mommy give you a hug.

✱ 우리말 의성어 '우르릉'에 잘 대응하는 단어가 rumbling입니다. 소리도 비슷하죠.

5 눈은 하늘에 있는 물방울들이 추워지면 만들어져. 눈이 오면 산타할아버지가 오는 크리스마스가 가까워 지는거야.
Snow is made when water particles in the sky freeze. When it snows, it means Santa Claus is coming soon.

6 비가 오면 축축해져서 싫구나. 비가 와야 나무도 꽃들도 물을 마실 수 있어.
You don't like rain because it's wet. But trees and flowers need rain to drink when they're thirsty.

7 무지개는 비도 오고 해님도 나오는 날씨에 나타나. 물방울들이 많으면 빛이 부딪혀서 예쁜 색으로 나눠지는거야.
A rainbow appears in the sky when it is rainy and sunny at the same time. When the light hits many water particles, it makes lots of different colors.

1 아이의 끝없는 호기심들
땅 밑에는 뭐가 있을까

> 땅 밑에는 지렁이, 개미 같은 벌레가 살아.
>
> **Insects like earthworms and ants live underground.**

 송송이는 유난히 땅속의 세상에 대해 궁금해했습니다. 길을 가다가도 쪼그려 앉아 하수도 배관을 들여다보거나, 하수도 그릴이 보이면 땅의 낙엽을 던져보기도 하고 밑에 뭐가 있는지 질문이 많았어요. 아파트 단지 정원에 모이면 많은 아이들은 부모가 예상할 수 있는 놀이를 하지만 송송이만은 유독 정원에 숨겨져 있는 관개수 배관 뚜껑과 입구를 찾는데 재능을 보이곤 했답니다. 송송이의 호기심을 충족해주기 위해 땅속 세상을 보여주는 책을 구입하고야 말았습니다. 땅속 벌레부터 지구 핵까지 보여주는 그림들을 보고나니 그제야 이해가 되는듯 매우 만족하는 표정이었지요. 그 책은 지금도 가장 아끼는 책이랍니다.

● 꼭 알아둘 표현 ●

1 땅 밑에는 지렁이, 개미 같은 벌레도 살고, 토끼, 두더지 같은 작은 동물들도 살아. 작은 동물들은 굴을 파고 작은 집을 만들어서 지내곤 해.
Earthworms and ants live underground, and so do small animals like rabbits and moles. These animals dig holes and make their homes there.

   ＊ underground를 형용사나 부사로 모두 쓸 수 있으므로 땅 밑에 산다는 말은 live underground 로 표현하면 됩니다.

2 땅 밑에는 배관들이 많이 있어. 우리가 마시는 물, 버리는 물 그리고 전기 케이블들도 모두 배관 속에 있는거야.

 음성 파일로 들어보세요!

There are many pipes under the ground. The water that we drink, the water that goes down the drain, and electric cables – they are all in the pipes.

✱ go down the drain은 하수구로 내려간다는 의미입니다. '버리는 물'이나 '하수'를 표현할 때 유용하죠.

• 더 알아둘 표현 •

3 땅 밑에는 지하철도 있어. 땅 위에는 차들이 많이 다니고 있어서 땅 밑에 빨리 달릴 수 있는 기차를 만든거야.
There are trains under the ground, which are called subways. Because there are too many cars above ground, people build railways underground to go faster.

4 더 밑으로 가면 공룡 뼈도 있고 반짝반짝이는 금이라는 돌들이 숨어 있어.
Even further underground, there are dinosaur bones and a shiny stone called gold.

5 더 밑으로 가면 엄청 뜨거운 젤리 돌들이 있어. 가끔 이 뜨거운 젤리들이 위로 올라오면 화산이 쾅!하고 폭발하는거야.
Way further underground, we can find more hot stones moving around like jelly. When the hot jelly comes out of the ground, that's the eruption of the volcano.

✱ 여기서 way는 길이라는 뜻이 아니라 further를 강조하는 단어입니다.

6 우리가 물을 버리면 그 물이 땅 밑 배관으로 내려가서 깨끗하게 씻겨주는 공장으로 갈거야.
When the water goes down the drain, where does it go? It goes down the pipes and flows into a cleaning factory.

1 아이의 끝없는 호기심들
소방차, 자동차 그리고 경찰차

경찰차는 경찰 아저씨가 나쁜 악당을 잡으러 다닐 때 타는 차야.

A police car is used for police officers to chase bad guys.

아이의 차량에 대한 호기심은 끝이 없습니다. 엄마한테 혼나서 울다가도, "차에 관련된 책을 읽어줄게" 하면 바로 울음을 그칠 정도입니다. 경찰차, 소방차, 믹서차, 청소차, 쓰레기차부터 각종 애니메이션까지. 아이가 너무 좋아하고 사랑하는 차량들은 끝이 없습니다. 아이의 질문 공세에 어쩔 수 없이 책을 찾아보기도 하고 자동차 장난감 조립도 하기 시작했어요. 그다지 흥미를 못 느끼는 엄마는 영혼없는 반응을 할 때가 많았지만 그래도 아이는 너무 좋아한답니다. 지금도 환청이 들리는 듯합니다. "슝슝!" "삐뽀삐뽀!" "나는야 경찰차." 아이들이 좋아하는 차에 관련된 표현들을 찾아볼까요?

• 꼭 알아둘 표현 •

1 경찰차는 경찰 아저씨가 나쁜 악당을 잡으러 다닐 때 타는 차야.
A police car is used for police officers to chase bad guys.
  ✱ chase는 경찰이 도둑을 추격하는 모습을 표현하기에 적절한 단어입니다.

2 앰뷸런스는 아픈 사람을 병원으로 데려가는 고마운 차량이지!
An ambulance is a vehicle that brings sick and injured people to the hospital.

음성 파일로 들어보세요!

• 더 알아둘 표현 •

3 소방차에는 물탱크도 있고 호스도 있어. 불이 나면 소방대원 아저씨들을 물을 쏴! 뿌려서 불을 끌 거야.

When there's a fire, fire fighters drive fire engines and rush to the place where the fire is burning. Fire engines have water tanks and hoses to spray water and put out the fire.

✱ 소방차는 fire truck이라고도 하고 fire engine이라고도 하죠.

4 믹서차는 콘크리트를 만드는 차이지. 믹서기안에 자갈, 모래 그리고 시멘트를 넣어서 섞고 뿌려주면 튼튼한 콘크리트를 만들 수 있어.

A mixer truck is for making concrete. We can put marble, sand, and cement into the mixer to create strong concrete.

5 청소차는 진공 청소도 할 수 있고 물을 뿌리면서 길을 깨끗이 청소해줘.

Street cleaner trucks can vacuum up dirt and waste on the street. They also spray water to clean the street.

✱ 진공청소기로 빨아들이는 것을 vacuum up이라고 합니다.

6 쓰레기차는 우리가 버리는 쓰레기를 모아서 공장에 갖다 주는 고마운 차야.

Garbage trucks collect all the garbage we throw away and take them to trash facility.

7 타워 크레인은 무거운 자재들을 들어올려 높은 건물을 지을 수 있게 도와줘.

Tower cranes lift up heavy materials and help build high buildings.

8 불도저는 흙을 쫘악! 밀어 땅을 평평하게 해줘. 힘이 엄청 센 차야!

Bulldozers push things and make the ground flat. They are very powerful.

1 아이의 끝없는 호기심들
전기는 어떻게 만들어질까

전기는 해님이 주는 에너지로 만들 수 있어.
Electricity can be made by sunlight.

 자동차보다 더 열광하는 장난감은 집안의 온갖 케이블들입니다. 안 쓰는 가전제품들을 모조리 가져다 진지하게 고민하며 연결해보기도 하고 나름의 설계안도 완성해 본답니다. 전기는 절대 연결할 수 없다고 신신당부를 하면 매우 서운해하며 가상의 에너지원을 만들기도 해요. 베개나 박스밑으로 전기 코드를 넣어두고 전기가 들어오고 있다고 상상하며 놀기도 한답니다. 집안에 거미줄처럼 케이블들이 연결되어 있는 모습을 보면 짜증이 나지요. 그래도 아이가 좋아하니 심호흡을 하며 지켜보고 박수쳐줍니다.

• 꼭 알아둘 표현 •

1. 전기는 어디서 오는지 궁금하구나. 전기는 해님이 주는 에너지로 만들 수 있어. 물, 바람도 그 힘으로 전기를 만들 수 있어.
You are curious about where electricity comes from. Electricity can be made by sunlight. It can also be made by the power of water and wind.

2. 전기 코드들이 많이 모여 있으면 불이 날 수 있어. 그러니 항상 조심해야겠지?
When many electric cords are hooked up to one outlet, it can catch fire. It's dangerous. We have to be very careful.
   * 전기제품을 콘센트에 꽂는 것을 hook up이라고 합니다. 콘센트는 consent라고 하지 않고 electric outlet이라고 합니다.

 음성 파일로 들어보세요!

• 더 알아둘 표현 •

3 전기는 찌릿찌릿 하는 에너지야. 힘이 엄청 쎄지. 모든 물건들이 움직일 수 있게 도와줘.

Electricity is a power that can zap anything. It has the superpower to help most of the things in the world move.

* 뭔가를 빠르게 공격하거나 없애 버리는 것을 zap이라고 합니다. 특히 전기의 힘을 말할 때 잘 등장하죠.

4 전기가 우리 몸에 닿으면 몸이 엄청 뜨겁고 아프게 돼. 전기는 위험하기도 해.

When electricity touches our body, it can be very hot and painful. Electricity is very useful but can be very dangerous, too.

5 케이블 속에는 작은 금속선들이 있어. 그 금속 선으로 전기가 슝슝! 지나가는거야.

There are many metal wires inside electric cables. Electricity travels along the cables through the metal.

* travel의 기본 뜻은 '이동하다'입니다. 빛이나 전기가 이동하는 것도 travel로 표현할 수 있습니다.

6 전기 때문에 불이나면 먼저 스위치부터 내려야 해. 그러면 전기가 흐를 수 없으니 물로 불을 끌 수 있어.

When there's a fire caused by electric cables, we have to turn off the power switch first. Then, we can put out the fire with water.

7 이 표시는 '전기에너지가 많으니 가까이 오지 마세요' 하는 거야.

This sign says that you shouldn't come close because there is a lot of electricity.

1 아이의 끝없는 호기심들
꼬마 건축가

밑에 받쳐줄 수 있는 튼튼한 블록들이 있어야 해.

You need a strong base at the bottom to support the blocks.

초보엄마였던 저는 아이가 비싼 장난감을 사달라고 하면 신나게 노는 모습을 상상하며 기꺼이 사주곤 했습니다. 그런데 장난감의 가격 여부를 떠나, 한 주만 지나면 호기심이 시들해지면서 장난감이 구석에 처박히는 경험을 몇 번 하고 나니, 새로운 장난감을 사는 데 주저하게 되었지요. 그래서 집에 있는 주방도구나 택배 박스, 과일박스를 장난감처럼 활용해 보았는데, 오히려 매우 소중히 다루는 것이었어요. 구멍을 뚫고 모양을 만들며 즐거워하는 모습을 보면서 가성비가 좋은 장난감은 우리 생활속에 있다는 생각을 하게 되었습니다. 아이는 공사장 놀이를 무척 좋아합니다. 블록이 자꾸 넘어져 고민하고 있으면 제가 "밑에 튼튼한 구조를 만들어 주어야 되는거 아니니"하고 한마디씩 조언을 해줍니다.

• 꼭 알아둘 표현 •

1 블록을 높게 쌓으려면 밑에 받쳐줄 수 있는 튼튼한 블록들이 있어야 해.
If you want to build the blocks higher, you need a strong base at the bottom to support them.

2 아기돼지 삼형제에서 가장 튼튼한 건물은 벽돌로 만든 집이야. 벽돌은 짚보다 나뭇가지보다 단단해. 그래서 잘 안무너져.
The strongest house in The Three Little Pigs story is the one made of bricks. Bricks are stronger than hay and wood. That's why the brick house doesn't fall down easily.

음성 파일로 들어보세요!

• 더 알아둘 표현 •

3   세모가 튼튼할까 네모가 튼튼할까? 세모는 모양이 흐트러지지 않아. 그래서 더 튼튼해.

A triangle or a square - which one is stronger? A triangle. Triangles don't change their shape easily and are stronger than squares.

4   다리 밑에 아치 모양의 돌들이 있지? 이렇게 만들면 다리가 흔들리지 않고 튼튼해.

Do you see the arch-shaped stones under the bridge? With an arch, a bridge becomes strong and does not shake.

5   건물을 짓기 전에 땅을 파고 필요한 배관, 케이블들을 넣어줘야 해. 그리고 건물을 세우고 그 위로 연결해 줄거야.

To build a house, we need to dig into the ground and bury pipes and cables. After building the house, we will connect them to the upper floors.

6   건물을 짓는 공사장에는 먼지도 많고 위험한 도구들이 많아. 그래서 펜스를 쳐서 아무나 못 들어오게 막아 두는거야.

There are a lot of dangerous tools and dust at a construction site. That's why they build fences to keep people from coming in.

7   공사장 빌더 아저씨들은 왜 모자를 쓰고 있을까? 위에서 물건이 떨어지면 엄청 위험하거든. 모자를 써야지 머리를 보호할 수 있어.

Why do builders wear helmets? If something falls down from higher floors, it can be very dangerous. They always wear helmets to protect their head.

2 우리의 몸과 마음은 소중해
아기는 어떻게 만들어질까

> 송송이는 엄마 뱃속에서 탯줄로 연결되어 있었어.
>
> **You were connected with Mommy by an umbilical cord.**

아이가 돌이 되기 전에 우리 몸에 관련된 책을 한권 구입한 적이 있습니다. 첫 페이지에는 양수 안에 잠들어 있는 귀여운 태아의 그림이 있었어요. 양수도 액체형태로 투명 주머니 속에 들어 있어 만져볼 수 있었답니다. 아이가 말을 하게 되면서 양수와 태아에 대해 이것저것 묻기 시작했어요. 아이에게 태어나기 전에는 엄마뱃속에서 이렇게 둥둥 떠다니고 잠도 자고 했다고 말해주었어요. 자신의 존재를 자랑스럽게 생각하고 자신의 몸을 지킬 수 있는 아이가 되게 말해주려면 어떤 표현이 필요할까요.

• 꼭 알아둘 표현 •

1 송송이 어디서 왔는지 궁금하지? 송송이는 아빠 씨앗과 엄마 씨앗이 만나 예쁜 아기가 되었어. 세상에 나오기전에는 엄마 뱃속에서 탯줄로 연결되어 있었어.
Do you know where Songsong is from? Songsong comes from Mommy and Daddy. We have seeds that combine together to become a baby. You were connected with Mommy inside my tummy by an umbilical cord.

  ✱ 아이에게는 '씨앗'으로 설명해주는 것이 좋은 방법이라고 생각합니다. 탯줄은 navel string이라고 더 쉽게 표현하기도 합니다.

2 형이나 어른이 송송이 몸을 만지려고 하면 "안 돼요!"라고 크게 소리쳐.
If grown-ups or big kids try to touch your body, always say

음성 파일로 들어보세요!

"No!" loudly.

* grown-up은 명사로 '성인'을 뜻합니다.

• 더 알아둘 표현 •

3 엄마 뱃속에서 잠도 자고 수영도 하고 쉬도 했어.
You were sleeping, swimming and even peeing in Mommy's tummy before you were born.

4 아기가 너무 작으면 엄마 뱃속에 있어야 해. 송송이가 커서 밖으로 나올 수 있을 때 엄마 뱃속에서 의사 선생님이 꺼내 주시는 거야. 그날이 생일이지.
When a baby is very small, he/she has to stay in Mommy's tummy. When Songsong was big enough to come out into the world, the doctor brought you out of Mommy's tummy. The day is your birthday.

5 송송이가 태어났을때 엄마와 아빠는 너무너무 행복했어. 송송이는 엄마와 아빠에게 온 축복이야.
When Songsong was born, Mommy and Daddy were so happy. You are the blessing for us.

아이가 아빠, 엄마로부터 왔다는 것을 알려주기 위해 아빠 씨앗과 엄마 씨앗이 만나 아기가 만들어지고 엄마 뱃속에서 컸다고 하니 너무 좋아하더군요. 자신이 아빠 엄마와 연결되어 있다는 사실을 행복하게 생각하는 듯 보였답니다. 엄마와는 태어나기 전에 뱃속에서 탯줄로 연결되어 있었다고 말해주었어요. 아이가 잠들기 전에 가끔 태아모양으로 몸을 웅크리고 엄마와 다시 연결되고 싶다고 얘기할 때면 꼭 안아줍니다. 그리고 "우리 송송이 아기 되었네" 하면서 쓰다듬어 주면 편하게 잠드는 듯했어요. 아이에게 설명해 주기에는 아직 어려운 이야기들일 수도 있겠지만, 최소한의 내용은 알려주어야 할 것 같아 제가 활용했던 문장들을 소개했습니다.

6 엄마, 아빠만 송송이 엉덩이를 닦아 주고 간지럽힐 수 있어. 우리의 소중한 부분은 다른 사람에게 보여줘도 만지게 해서도 안 돼.

Only Mommy and Daddy are allowed to clean and tickle your bottom. Don't let anybody else see or touch your private parts.

✱ '사적인 부위'로 직역할 수 있는 private parts는 성기와 그 주변을 가리키는 말입니다.

7 송송이의 고추/소중이는 약해서 세균이 들어갈 수 있어. 샤워할 때 많이 만지면 안 돼.

Don't touch your private parts too much. They are delicate and germs can easily get in.

✱ 앞서 설명드렸듯, 성기는 genitals라고 표현할 수도 있고, 여기처럼 private parts라고 해도 좋습니다.

8 남자가 쓰는 화장실과 여자가 쓰는 화장실은 다르게 생겼어. 아빠랑 한번 들어가볼래? 나중에 송송이도 크면 스스로 갈 수 있어.

Bathrooms for boys and girls are different. Do you want to go in with Daddy? When Songsong gets bigger, you can go by yourself.

9 아기는 걸을 수 없으니 엄마가 안아주고 업어주고 유모차에 누워서 다니는거야. 송송이도 아기때 똑같았어. 아기는 아직 말을 못하니 우리가 양보하자.

Since babies can't walk yet, mommies will carry them or put them in strollers. When Songsong was a baby, you were the same way. Since a baby can't talk, we adjust to them.

✱ '양보하다'도 한 단어로 표현하기 어렵습니다. 흔히 쓰는 yield는 도로 상에서의 양보만을 이야기합니다. 여기처럼 '아이들에게 우리가 맞춰 주자(adjust to)' 정도로 표현하는 것도 좋습니다.

음성 파일로 들어보세요!

"네가 있어서 정말 행복해."
유명한 육아 멘토께서 방송에서 가르쳐 준 말이에요. 저도 이 말을 매일 해주고 있습니다.
가끔 아이가 난감한 질문을 할 때도 있지만, 엄마와 아빠의 사랑으로 태어난 아이라는 것을 꼭 알려주려고 해요. 육아에 서툰 아빠가 "넌 내 아들이야"라고 말을 하면 송송은 "아니야, 난 아빠와 엄마 아들이야"라고 말한답니다. 자신의 존재를 귀하게 생각하는 아이가 되기를 바라고 또 바래요.

2 우리의 몸과 마음은 소중해
알아보자 우리 몸

> 야채, 과일 그리고 고기를 먹어야 쑥쑥 키가 클 수 있어.
> **You have to eat vegetables, fruit, and meat to grow up faster.**

 코로나가 막 퍼지기 시작했을때, 송송이는 만 두 돌 정도였습니다. 어린 아이였지만 어쩔 수 없이 설명해줘야 하는 가이드라인이 바로 마스크 쓰기와 손씻기였답니다. 세균을 설명하다보니 자연스럽게 우리 몸에 관심을 가지더군요. 음식의 소화과정, 뼈의 움직임, 쉬야와 응가가 만들어지는 과정 등에 대해서도 설명해주기 시작했습니다. 우리 몸에 대해 아이가 궁금해하는 질문들을 알아볼까요.

• 꼭 알아둘 표현 •

1 우리는 왜 야채, 과일 그리고 고기도 먹어야 하지? 비타민, 단백질 그리고 섬유질을 먹어야지 송송이 쑥쑥 키가 클 수 있어.
Why should we eat vegetables, fruit, and meat? You have to eat them **to grow up faster**.
✱ 보통 성장한다는 뜻일 때는 up까지 붙여 grow up으로 표현합니다.

2 세균은 공기속에도 있고 물건에도 붙어 있어. 코로도 들어가고 입으로도 들어가니 마스크를 꼭 하고 손가락을 빨면 안 돼.
Germs are everywhere in the air and on all surfaces. They can get into your nose or mouth, so wear a mask and don't put your fingers in your mouth.

 음성 파일로 들어보세요!

• 더 알아둘 표현 •

3 빵과 국수만 먹으면 우리 몸이 튼튼해질 수 없어. 나쁜 세균들이 들어오면 싸울 수 있는 힘이 없어져.

If we only eat bread and noodles, our body will never get strong. Our body won't have enough power to fight the germs.

4 조심하지 않으면 딱딱한 물건에 부딪힐 수가 있어. 그러면 우리 몸속에 있는 뼈가 부러질 수 있는거야. 뼈가 없으면 우리는 흐물흐물 젤리처럼 돼버려.

If you are not careful when you play, your body can hit hard things. If that happens, bones in our body may get broken. Without bones, our body will become like jelly.

5 상처가 나면 약을 발라야 해. 약을 바르면 경찰 역할을 하는 약들이 세균 몬스터들이 못들어가게 막아주는거야.

We must put medicine on a cut. Medicine is like a police officer. It protects us from bad germs that try to get into our body.

✱ '상처'는 scar나 wound로 표현할 수 있지만, 베인 상처는 cut이라고 합니다.

 아주 어릴 때는 우리 몸에 대해 그림책을 보면서 한국어로 설명해주었는데, 유치원에 다니기 시작하면서부터 영어로 자주 질문을 하고 엄마가 자세히 답해주기를 원하더군요. 아이가 궁금해하는 점들에 대한 답을 더 소개합니다.

6 큰 먼지들이 콧속으로 들어가면 콧속에서 바람을 만들어서 먼지들을 내보내. 그래서 재채기를 하는거야.

When dust is trying to go into your nose, your nose blows lots of air to kick out these dusts. That's why we sneeze.

7 몸에 좋은 비타민, 단백질을 빼고 쓰레기가 된 음식을 응가로 내보내는 거야. 응가를 하지 않고 응가가 남아 있으면 몸에 쓰레기가 쌓여 있는 거랑 똑같아.

Your tummy takes vitamins, protein, and good nutrients from food and makes the waste come out as poop. If you don't poop, it's like you are keeping all the waste inside your body. That's why we need to poop every day.

* 앞에 나왔던 stool이 의사와 쓰는 용어라면, 일상에서 '응가'는 poop, '쉬야'는 pee라고 표현하면 됩니다.

8 왜 세균들은 보이지 않을까? 세균들이 보일만큼 크면 우리 몸으로 들어오기 어려워. 송송이 나중에 학교로 가게 되면 현미경으로 세균들을 관찰할 수 있어.
Why can't we see germs? If germs were big, it would be difficult for them to get into our body. When Songsong grows up and goes to school, you can see them with a microscope.

9 밥을 먹을때 우리 몸으로 공기가 들어가. 공기들이 트림으로도 나오고 방귀로도 나오는거야.
When we eat food, air can get into our tummy. Then this air might come out as a burp or fart.

* 몸으로 들어간다고 했지만, 사실 뱃속으로 들어가는 것이므로 영어로 말할 때는 body가 아니라 tummy라고 말하는 것이 자연스럽습니다. 트림과 방귀를 말하는 burp와 fart는 동사로도 활용되므로, 예를 들어 He was burping. 혹은 He farted.처럼 표현할 수 있습니다.

음성 파일로 들어보세요!

송송은 엄마 뱃속에서 탯줄로 연결되어 있었어.
엄마가 따뜻하게 10개월 동안 품고 있었지.
넌 엄마 아빠에게 가장 소중한 아이야.
넌 보석이야.
누구와도 바꿀 수 없어.

2 우리의 몸과 마음은 소중해
엄마 마음속엔 핑크 몬스터

> 엄마 아빠 마음속에는 항상 핑크 사랑 몬스터가 있어.
> **A pink monster is always in Mommy's and Daddy's hearts.**

감정에 대한 교육은 초등학교 입학할 때쯤 필요하지 않을까 막연하게 생각했던 저는 아이가 두 돌을 지나서부터 감정교육의 중요성을 깨닫게 되었어요. 그래서 저는, 빨간색은 화났을때, 노란색은 즐거울때, 파란색은 속상할때, 푸른색은 편안할때, 갈색은 두려울때, 이렇게 감정과 색깔을 연결지어 설명해 주었지요. 그리고 귀여운 핑크색 몬스터가 그려져 있는 그림책은 사랑하는 마음을 상징했습니다. 핑크몬스터가 있는 페이지를 펼치며 "엄마 마음속에 핑크 몬스터가 웃고있네," "사랑해"라고 말하면 아이는 "저에게도 핑크몬스터 있어요"라고 말하기도 한답니다. 아이가 울고 떼부리는 정도가 심하지 않도록 도와주는, 감정에 관련된 대화들을 알아볼까요.

• 꼭 알아둘 표현 •

1 엄마 아빠는 송송이를 엄청엄청 사랑하지? 엄마 아빠 마음속에는 항상 핑크 사랑 몬스터가 있어. 환하게 웃고 있는 따뜻한 몬스터.
Mommy and Daddy loves Songsong so much! A pink monster is always in our hearts. It's a warm, smiling monster of love.

2 엄마도 화가 날 때가 있어. 송송이 예의 없는 행동을 하면 어른들도 화나고 도와주기 어려워. 도움을 필요할 때는 항상 예의바르게 말해보자.
Mommy can get angry sometimes. When Songsong behaves

음성 파일로 들어보세요!

badly, adults can get angry and may not help you. Always use good manners when you need help.

* 화가 나고 열받은 상태를 표현하는 말도 다양하게 존재합니다만, angry와 upset으로 충분히 표현할 수 있죠.

• 더 알아둘 표현 •

3 사탕이 바닥에 떨어지면 속상하지. 속상할때는 울어도 괜찮아. 엄마가 꼭 안아줄게.
You're upset when a candy falls on the floor and you can't eat it. It's okay to cry when you're upset. Mommy will give you a big hug.

4 가끔 엄마랑 떨어져서 있을때 걱정스러운 마음이 들지? 걱정되는 마음, 무서운 마음 누구나 다 갖고 있어.
When you're away from Mommy, you may feel scared. It's okay. Everyone feels scared and nervous sometimes.

5 친구가 송송이의 장난감을 뺏어가면 화가 나지? "으아아!"하고 소리지르고 싶을 수도 있어. 그럴때는 우리 심호흡을 해보는거야. 하나, 둘, 셋…
When your friend takes your toys from you, you may get angry. You may feel like shouting "Ahh!!!" When that happens, let's take a deep breath and count to three. One, two, three…

* '셋까지 센다', '열까지 센다'라고 할 때는 1부터 그 숫자까지 세는 것이므로 to를 붙여 count to three, count to ten이라고 해야 합니다.

남자아이들은 특히 감정표현에 서투르다보니, 놀이터에서 트러블을 일으켜 다른 아이에게 상처를 줄까 안절부절 못하곤 했습니다. 두 돌이 지나도 아직 말이 서툰데다가 감정에 대해서도 이해가 어려워 물건을 던지거나 소리지르기 일쑤였어요. 난감한 경험들이 쌓이면서 자연스럽게 감정에 대한 그림책을 자주 읽어주게 되답니다. 그리고 앞서 설명한 것처럼 색깔과 감정을 연결지어 설명해주기 시작했죠. 감정에 대한 교육도 소홀할 수 없으니,

다양한 감정 상태를 나타내는 영어 표현들도 잘 익혀 두어야 하겠습니다.

6 가끔은 우리 마음속에 레이보우 몬스터도 있어. 모든 감정들이 섞이고 내가 왜 이런 행동을 하는지 모를때는 엄마가 기다려줄게. 우리 함께 생각해보자.

Sometimes, there's a rainbow monster in our heart. When all of your feelings are mixed up and you don't understand why you are acting a certain way, it's fine. Mommy will wait. We can sort the feelings out.

✱ sort out은 복잡해 보이는 것을 분류해 내거나, 문제를 해결한다는 뜻입니다. 복잡한 마음을 정리해 보자고 할 때도 적절한 동사 표현이죠.

7 송송이 졸리거나 배고프거나 몸이 불편하면 짜증을 낼 수도 있어. 엄마한테 지금 필요한건 어떤건지 진정하고 말해줄래?

When Songsong feels sleepy, hungry, or uncomfortable, you can be annoyed. Can you please calm down and tell Mommy what you need now?

✱ 화나 불안과 같은 부정적인 감정을 가라앉히는 경우 가장 널리 쓰이는 표현이 calm down입니다.

8 우리 송송이 오늘 엄마랑 떨어지는거 무서웠지? 엄마도 어릴때 외할머니랑 떨어져 학교로 가야 될 때 속상했어. 그런데 친구들이랑 놀다보면 브라운 몬스터가 깜짝 사라져 버릴때가 있었어.

You must have been nervous when you were separate from Mommy. Mommy was also scared when I was a child and away from my mom. But brown monster disappeared when I was having fun at school.

송송이가 가장 좋아하는 책은 Anna Llenas 작가가 쓴
"The colour monster"이랍니다.
그 중에서도 사랑을 뜻하는 핑크 몬스터가 나오는 페이지를 펼칠 때면 환하게 웃으며 엄마를 꼭 안아줘요.
기회가 있을 때마다 아이가 불안해하지 않게 이렇게 말해줍니다.
"너무너무 사랑해! 엄마 마음속에는 핑크 몬스터가 엄청 많이 있어"

2 우리의 몸과 마음은 소중해
우리는 매일 성장하고 있어

송송이는 아직 더 많은 걸 배워야 하는거야.
Songsong still has a lot to learn.

 아이가 커가면서 엄마와의 기싸움도 시작됩니다. 위험한 행동이라고 제지해도 아이는 본인이 하고 싶은 대로만 하려고 하지요. 결국은 엄마는 혼내고 아이는 울고 짜증내는 무한 악순환이 반복됩니다. '도대체 뭐가 문제일까.' 엄마는 고민이 깊어 갑니다. 저는 가치나 내적동기에 대해 제가 아이에게 말해준 적이 없다는 사실을 깨달았습니다. 살아가는 데 있어 꼭 알아야 할 가치와 내적동기를 알려주는 것은 매우 중요하지요.

• 꼭 알아둘 표현 •

1 누구나 잘못을 할 수 있어. 송송이는 아직 크고 있으니 더 많은 걸 배워야 하는거야. 엄마가 도와줄게.
Everyone makes mistakes. Songsong is still growing up, so you still have a lot to learn. Mommy will help you.

※ '아직 배울 게 많다'에 해당하는 영어 표현이 have a lot to learn입니다.

2 나쁜 부분만 생각하면 짜증나고 화부터 나지? 좋은 부분을 생각하면 어떻게 할 수 있는지 찾을 수 있어.
If you focus on negative parts, you might feel annoyed and angry. But when you think about the positive parts instead, you can find ways to figure things out.

※ 안 좋고 나쁜 것도 구체적으로 표현하기 보다는 광범위하게 쓸 수 있는 negative를 활용하는 것이 좋습니다.

 음성 파일로 들어보세요!

• 더 알아둘 표현 •

3 이런 놀이를 하고 싶었는데 잘 안됐구나. 괜찮아. 엄마도, 아빠도 실수할 때가 많아. 어디가 잘못됐는지 찾아보고 다시 도전해보면 돼.
You wanted to do this, but it didn't work out. It's okay. Mommy and Daddy also make mistakes. Let's find out where the problem was and try again.

4 엄마도 송송이도 매일 성장하는거야. 우리는 매일 더 배우고 노력할거야.
Mommy and Songsong get more grown up every day. We learn and do our best with each new day.

5 항상 감사의 마음을 가져보자. 송송이도 잘 크고 있고 최선을 다하고 있어. 고마워.
Let's always be grateful. You're doing your best and growing up. Mommy always thank you for that.

　＊ 감사하는 태도를 표현하는 형용사가 thankful과 grateful입니다.

'분명 사랑을 많이 주고 있는데 뭐가 문제일까. 충분히 인내심을 가지고 대하는데 아직도 부족한 걸까.' 이런 고민이 깊어가던 차에, 책을 통해 문제점을 알게 되었습니다. 먹고, 자고, 놀이하는 데만 신경을 쓰고, 훌쩍 커버린 아이가 알아야 할 가치와 내적동기는 여전히 먼 일이라고만 생각했던 것이 문제였어요. 살아가는 데 있어 꼭 알아야 할 가치와 내적동기를 부여할 수 있는 대화가 필요한 거였습니다.

6 다른 사람에게 피해를 주는건 안 돼. 그러면 우리 가족도, 주변 사람들도 행복할 수 없어.
It's bad to harm other people. If we are doing harm, our family and the people around us won't be happy.

　＊ 해를 입히는 것은 한 단어 동사로 harm이라고 하거나 do harm to ~라고 하면 됩니다.

7 엄마도 화내지 않도록 노력해볼게. 우리 심호흡 해보자.
Mommy will do my best not to become angry. Let's take a deep breath together.

8 엄마도 아빠도 매일 실수할 때가 있어. 우리는 매일 배우고 달라진단다. 송송이가 의도적으로 잘못한거 아닌걸 엄마는 알고 있어. 다음에는 더 조심해보자. 사랑해.
Mommy and Daddy make mistakes every day. We learn and change each day. Mommy knows that Songsong didn't do it on purpose. Let's be more careful. I love you.

9 우리는 가족에 보탬이 되는 사람이 될거야. 엄마도, 아빠도, 송송이도 서로 아끼고 사랑하고 그리고 가족의 행복을 위해서 노력하는 사람이 될거야.
We are people who contribute to our family. Mommy, Daddy and Songsong will care for and love each other. We try our best for our family.

10 항상 감사의 마음을 가져보자. 송송이도 잘 크고 있고 최선을 다하고 있어. 고마워.
Let's always be thankful. You're trying your best to be a big boy. Mommy always thanks you for that.

✱ 잘 큰다는 말은 grow up으로 표현해도 되지만 be a big boy/girl처럼 말해도 좋습니다.

아이가 사소한 실수를 하면 저도 모르게 아이를 혼내게 됩니다. 저도 완벽하지 않은 사람인데 왜 아이에겐 이렇게 엄격한 기준으로 대하는 걸까요. 매일 아이에게 감사하는 마음을 가지려 노력하고 있어요.
감사의 마음을 지니면 신체 대사가 편안해지고, 세로토닌과 도파민의 수치가 높아진다고 합니다. 엄마도, 아이도 서로에게 감사하는 마음을 가지는 연습을 해 보아요.

3 더 넓고 큰 세상 배우기
여기는 말레이시아, 저기는 대한민국

말레이시아는 한국보다 태양에 더 가까워.

Malaysia is closer to the sun than Korea.

아이가 동네에서 나름 규모가 큰 국제 유치원에 입학을 했습니다. 유치원 타이틀이 '국제유치원'이다 보니 하루 일과에 세계 각국에 대해 배우는 시간이 있고, 그 나라들에 대해 매주 발표도 해야 했답니다. 만 4세도 안 되는 아이에게 너무 이른 교육이 아닌가 의구심도 들었지만, 학구열이 높은 학부모들을 대상으로 만들어진 프로그램이라고 생각했어요. 아이가 산만한데다 선생님이 말씀하시는 내용을 전혀 이해 못 하면 안될 것 같아 집에서 조금씩 알려주기 시작했습니다. 아직 도시와 나라를 구분할 정도는 아니지만, 새로운 곳에 도착하면 그 지역 이름부터 물어보아요.

• 꼭 알아둘 표현 •

1 한국에는 봄, 여름, 가을, 겨울 사계절이 있어. 여기 말레이시아는 여름만 있어. 말레이시아가 태양에 더 가까워서 그래.
Korea has four seasons - spring, summer, autumn and winter. Malaysia only has summer. It's because Malaysia is closer to the sun.

2 판다는 어디서 왔을까? 판다는 중국에서 살고 있는 귀여운 곰이야.
Where are pandas from? A panda is a cute animal living in China.

· 더 알아둘 표현 ·

3 친구 민이는 영국으로 돌아갔어. 영국은 유럽이라는 큰 땅에 있는 나라야. 영국에 가면 페파피그와 옥토넛을 만날 수 있단다.

Your friend Min went back to the UK. The UK is a country in Europe. When we go to the UK, we can meet "Peppa Pig" and "Octonaut" friends.

4 송송이 좋아하는 "Paw Patrol"은 캐나다에서 온거야. 캐나다에는 맛있는 maple syrup이 있단다.

Songsong's favorite "Paw Patrol" friends are from Canada. Canada has the yummiest maple syrup in the world.

＊ 맛있다고 할 때 delicious 같은 단어 말고, 우리말 냠냠과 비슷한 구어 표현 yummy를 쓸 수도 있죠.

여러 나라들에 대한 설명을 대부분 이해하지 못했지만, 그래도 나라 이름을 들으면서 '아, 이런 이름이 나오는구나' 정도는 인지하게 된 것 같아요. 그 뒤로 한국에도 다녀오면서, 세상에는 많은 새로운 곳들이 있다는 점은 잘 이해한 듯 보입니다. 아이가 당장 이해하지 못하더라도 더 넓은 세상에 대해 꾸준히 얘기해 주는 것이 중요한 것 같습니다.

5 친구 아릭은 인도로 갔어. Deepavali라는 축제에서 친척들을 만나기로 했어. 2주뒤에 다시 만날 수 있단다.

Your friend Arik went back to India. He will see his relatives in Deepavali festival. You can play with him when he comes back in two weeks.

6 산타할어버지는 어디 살고 계실가? 산타할아버지는 북극에 살고 계셔. 루돌프 사슴이 모는 썰매를 타고 다니시지.

Where does Santa Clause live? Santa Clause lives in the Arctic, at the North Pole. He rides a sleigh pulled by a reindeer called Rudolph.

3 더 넓고 큰 세상 배우기
해님, 달님은 어디로 갔나요

> 해님이 구름 뒤에 숨으면 덥지 않지.
> **When the sun hides behind clouds, it's not hot.**

 아이들은 잠을 싫어합니다. 최후의 무기로 불을 끄고 자장가를 틀어도 아이는 말똥말똥 잠들 기미가 보이지 않아요. 엄마는 지쳐서 기절할 것만 같은데, 눈치도 없는 아이는 커튼을 열고 하늘을 쳐다보며 질문을 쏟아내기 시작해요. 주로 해님과 달님이 왜 나타나고 어디로 갔는지가 궁금합니다. 아이의 질문에는 저도 모르는 내용들이 많아요. 같이 책을 함께 보며 하나씩 알아가곤 하지요. 어떤 질문은 아이에게 미지의 수수께끼로 남겨주기도 합니다. 그러면 답답함을 견디지 못하는 아이는 엉뚱한 답을 만들기도 한답니다. 엄마가 정확히 알려주지 못해도 나중에 스스로 알아가게 되지 않을까요?

• 꼭 알아둘 표현 •

1 해님은 가끔 구름 뒤에 숨어 있어. 그러면 덥지 않고 시원하지.
Sometimes, the sun hides behind clouds. When that happens, it's not hot and becomes cooler.

2 해님은 엄청 뜨거운 불덩어리야. 이글이글 타오르는 불덩어리. 가까이에 가면 타버릴 수도 있어.
The sun is an extremely hot, burning fireball. Everything melts near the sun.

 음성 파일로 들어보세요!

• 더 알아둘 표현 •

3 지구는 우리가 살고 있는 행성이야. 지구에는 바다도 있고 땅도 있고 산도 있고 수많은 동물들도 있어.
Earth is the planet that we live on. Earth has oceans, lands, mountains, and lots of animals.

4 뜨거운 해님 옆에는 수성, 금성, 지구, 화성, 목성, 토성, 천왕성, 해왕성이 있지.
There are eight planets circling around the sun. They are Mercury, Venus, Earth, Mars, Jupiter, Saturn, Uranus and Neptune.

5 태양계에서 가장 빠른 행성은 수성, 하늘에서 가장 밝은 행성은 금성이야.
The planet that travels the fastest in the solar system is Mercury, and the brightest in the sky is Venus.

✱ 여기서 travel은 이동하거나 움직인다는 뜻입니다.

6 화성은 빨간 행성, 목성은 바람이 많이 불고, 토성에는 고리가 있어.
Mars is a red planet, and Jupiter has strong winds. Saturn has a huge ring around it.

7 해님은 하루종일 우리에게 에너지를 줬지? 이제는 쉴 시간이야. 대신 달님이 나와서 지켜줄거니까 걱정하지마. 우리 송송이도 푹 자볼까?
The sun gave us a lot of energy all day. It's time for him to rest. Don't worry. Now the moon will come out and protect the sky safely. Let's go to sleep now.

3 더 넓고 큰 세상 배우기

빨강과 노랑, 누가 해님의 색깔일까?

> 초록색은 어떻게 만들어지지? 우리 노랑과 파랑을 섞어볼까?
>
> **How do we make the color green? Let's mix yellow and blue!**

 SNS에서 알록달록한 미술놀이를 즐기는 아이들을 보게 되면 엄마는 의욕이 넘쳐 물감과 재료들을 준비합니다. 하지만 엄마가 기대하는 창의적인 그림은 절대 나오지 않습니다. 지금도 아이는 그림에는 그닥 재능이 없고, 물감을 이리저리 섞는 데만 열의를 보인답니다. 크면 나아지겠지 하는 기대감으로 지켜보고 있지요. 그림놀이를 하는 아이에게 해줄 말을 알아볼까요.

• 꼭 알아둘 표현 •

1 초록색은 어떻게 만들어지지? 우리 노랑과 파랑을 섞어볼까? 와! 너무 신기해!
How do we **make the color green**? Let's **mix** yellow and blue!
Wow! It's amazing!

> ＊ 우리는 색깔 다음에 -색을 붙이기 때문에 green color라는 표현이 익숙하지만 영어에서는 color를 먼저 쓰고 뒤에 색깔 이름을 붙이는 경우가 많습니다.

2 해님은 어떤 색상일까? 노란색일까 주황색일까? 해가 뜰 때는 노란색, 해가 질 때는 주황색이지!
What color is the sun? Yellow or orange? It's yellow **when the sun rises**, and it's orange **when the sun sets**.

• 더 알아둘 표현 •

3 빨간색으로 무엇을 그릴 수 있을까? 산타 클로스, 소방차, 따뜻한 마음, 사과 그리고 송송이가 좋아하는 딸기! 빨간색을 라인 안으로 그려 볼래?

What can you draw with the color red? Santa Clause, a fire truck, a warm heart, apples, and Songsong's favorite, strawberries. Could you paint the color inside the lines?

4 보라색으로는 무엇을 그려볼까? 포도랑 가지 어때? 빨강과 파랑을 섞으면 보라가 되는거야!

What can we paint with purple? How about grapes and eggplants? When we mix red and blue paint together, it makes purple!

✱ 색깔이 어떤 색으로 변한다고 할 때는 become대신 turn도 잘 씁니다.

유난히 그레이와 블랙을 좋아하는 아이는 도화지를 온통 까맣게만 만들어 버리기 일쑤에요. 예쁜 색상들을 골라 엄마가 시범을 보여줘도 신나게 색상들을 다 섞어 버립니다. 아이가 좋아하니 내버려 두기는 하지만, 내심 걱정도 됩니다. '왜 블랙만 이리 좋아할까? 내가 아이에게 어두운 기운을 줬나?' 생각은 꼬리에 꼬리를 물고 이어집니다. 블랙과 그레이만으로도 자기 표현을 잘 하니, 그게 어디인가요.

5 블랙으로 무엇을 그리고 싶어? 그림이 잘 보이게 윤곽선을 블랙으로 그려볼까?

What do you want to paint with the color black? Do you want to draw the outlines with black?

6 그레이로 화산을 그리고 싶어? 그래! 맞아! 화산이 폭발하고 나면 화산재는 그레이 색이네! 잘 생각했어!

Do you want to paint volcanos with gray? Yes! When a volcano explodes, the dust is gray. Great job!

3 더 넓고 큰 세상 배우기
스스로 빨래를 정리하면 얼마?

집안일을 해서 돈을 직접 벌어보는건 어때?

How about making a little money by doing chores?

 만 4세가 넘어가니 아이가 매일 장난감을 사달라고 조릅니다. 집에 수두룩히 쌓여 있는 장난감들은 성에 차지 않는 거지요. 매일 거부를 하려니 엄마의 스트레스도 만만치 않습니다. 장난감 가게에 갈 때도 "20링깃 이상은 안 돼"라고 말해주면 매우 신중하게 작은 장난감을 고른답니다. 큰 장난감도 눈독을 들일 때가 있지만, "안 돼. 그건 300링 깃이야"라고 말하면 20보다 아주 큰 숫자로 생각하고 사달라고 할 엄두를 못 냅니다. 돈은 소중하고 잘 써야 한다고 가르쳐 주지만, 생각처럼 잘 받아들이지 않는 것 같아 보입니다. 아이의 경제 관념을 키워줄 표현들을 알아볼까요?

• 꼭 알아둘 표현 •

1 집안일을 해서 돈을 직접 벌어보는건 어때? 엄마가 1링깃씩 돼지 저금통에 넣어 줄게.

How about making a little money by doing chores around the house? Mommy can put 1 RM in your piggy bank.

✶ 돈을 버는 것은 make/earn money라고 합니다. 집안일을 뜻하는 일반적인 단어가 chore이죠.

2 쵸콜릿 가격이 얼마인지 볼래? 오! 맞아. 5링깃이야. 송송이가 모은 돈으로 살 수 있을까?

Can you check the price of the chocolate? Yes, that's right! It's 5 RM. Can you buy it with the money you saved?

 음성 파일로 들어보세요!

> • 더 알아둘 표현 •

3 매일 장난감을 살 수 없어. 돈 때문이 아니라 이건 낭비하는 거야. 전에 가지고 있던 장난감으로 더 재밌는 놀이를 할 수 있는지 생각해보자.

We cannot buy a new toy every day. It's not about money. It's wasting resources. Let's figure out how we can play with the toys you already have.

4 설거지, 빨래 널기, 빨래 개기, 로봇청소기 돌리기, 바닥 닦기 등 일을 할 수 있어.

You can do the dishes, hang and fold the laundry, run the robot cleaner, and mop the floor.

✱ mop은 대걸레를 말하는데, 대걸레로 닦는다는 뜻도 지닙니다.

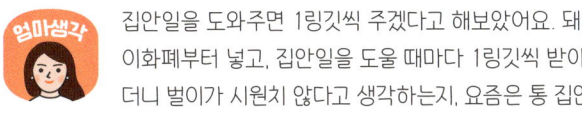
집안일을 도와주면 1링깃씩 주겠다고 해보았어요. 돼지저금통을 만들어 장난감 종이화폐부터 넣고, 집안일을 도울 때마다 1링깃씩 받아 저금했습니다. 8링깃까지 벌더니 벌이가 시원치 않다고 생각하는지, 요즘은 통 집안일을 안 하네요. 그래도 스스로 일하고 돈을 버는 경험을 해 보는 것은 중요하다 생각합니다.

5 나중에 송송이가 커서 일을 할 수 있을 때 스스로 돈도 벌고 어떻게 쓸지 결정할 수 있어.

When Songsong grows up and goes to work, you can earn money and decide how to spend it by yourself.

6 엄마, 아빠가 번 돈은 은행에 넣어 둘거야. 은행에서 보관해줘. 필요할때 기계에 가서 꺼내서 쓰는 거야.

The money Mommy and Daddy earned is put away in the bank. Banks protect the money. And when we need it, we can take it out from an ATM.

3 더 넓고 큰 세상 배우기
잡아라 도둑

> 다른 사람의 물건을 함부로 만지는 건 절대 안 돼.
> **Never touch other people's things even if you want to.**

 매일 귀가 아플 정도로 들은 동요가 있습니다. "삐용삐용 경찰차" 등 경찰차와 소방차가 나오는 노래들입니다. 애니메이션을 보면, 살금살금 은행에서 나오는 도둑을 용감한 경찰 아저씨들이 잡아가지요. 그런 내용을 아이와 얘기하다 보면, 아이는 해서는 안 되는 행동들을 잘 알게 된답니다. 거짓말을 안 하는 것, 훔치지 않는 것 등에 대해서요. 특히 장난감 가게에 가게 되면, 너무 갖고 싶은 장난감을 자기도 모르게 손에 들고 나올 때도 있답니다. 절대 하면 안 되는 행동들에 대해 설명하는 말들을 알아볼까요.

• 꼭 알아둘 표현 •

1 다른 사람의 물건을 함부로 만지는 건 절대 안 돼.
Never touch other people's things even if you want to.

2 경찰 아저씨들은 다른 사람을 아프게 하거나 다른 사람의 물건을 훔치는 나쁜 사람들을 잡을거야. 그래서 안전하게 우리를 지켜주실거야.
Police officers catch bad guys who hurt other people or steal things. They protect us and keep us safe.

 음성 파일로 들어보세요!

• 더 알아둘 표현 •

3 친구의 장난감이 아무리 부러워도 집에 가져오면 안 돼.
You should never bring your friends' toys home, even if you like them a lot.

✽ even if와 even though에는 의미 차이가 있습니다. even though는 '~할지라도' 정도 의미이고, even if는 '그럴 가능성은 낮지만 그런 일이 일어난다 해도'라는 뜻입니다.

4 다른 사람의 물건을 훔치는 건 절대 안 돼. 갖고 싶은 물건이 있으면 엄마에게 꼭 얘기를 해줘.
Taking other people's stuff without telling them is never allowed. Tell Mommy if you need anything.

5 길에서 물건을 주워도 송송이 물건이 아니야. 우리는 경비 아저씨나 경찰서에 가져다 드릴 거야. 이 물건 주인이 찾으러 올 수 있어.
Even when Songsong finds something lost on the street, it's not yours. We will take it to security or police officers. They can help find the owner.

6 송송이가 갖고 싶다고 해서 다 가질 수 없어. 사줄 수 없는 물건은 들고 나오지 않아.
Mommy cannot buy Songsong all the toys you like. You can't take the toys Mommy doesn't buy.

7 왜 경찰 아저씨는 도둑을 경찰서에 잡아갈까? 경찰서에 데려가서 잘못한 행동을 알려줘. 그리고 좋은 사람이 될때까지 감옥에서 지내게 돼.
Why do police officers take thieves to a prison? Police officers put them in jail to stop them from doing bad things. Thieves have to stay in prison until they learn to be good people.

3 더 넓고 큰 세상 배우기
소방관 로이가 될 거예요

> 소방관은 화재나 위험한 상황이 발생하면 도와주셔.
> **Firefighters help us when there's a fire or an emergency.**

 재미로만 보던 애니메이션을 통해 아이는 많은 걸 이해하게 되더군요. 멋진 캐릭터들마다 직업이 있다는 사실을 알게 된 것이 가장 의미 있었습니다. 송송이가 요즘에 가장 사랑하는 직업은 바로 경찰입니다. 요리조리 숨는 도둑들을 일망타진하고 감옥에 넣어버리면 매우 흡족해 한답니다. 그리고 소방대원도 로망중 하나이지요. 소방차가 보이는 그림책을 펼치면 불난 건물이 어디 있는지부터 찾아봅니다. 이제는 엄마 아빠의 직업도 물어보기 시작했어요. 야근이 잦은 아빠가 어떤 일을 하는지, 사무실은 어디 있는지 가보고 싶어한답니다. 아이가 궁금해하는 직업들을 알아볼까요?

• 꼭 알아둘 표현 •

1 소방관은 불이 나거나 위험한 상황이 생겼을 때 출동해서 도와주시는 분들이야.
Firefighters are people who help us when there's a fire or an emergency.

2 의사 선생님은 우리 몸이 어디가 아픈지 진찰을 해주시고 필요한 약도 주시고 주사도 놔주시는 분이셔.
Doctors are people who help us when we are sick. They check our health, give us medicine, or give us shots.

✽ 구어에서는 주사를 shot이라고 표현하므로, give a shot이 '주사를 놓다'입니다.

 음성 파일로 들어보세요!

• 더 알아둘 표현 •

3 건축가는 건물을 어떻게 지을지 그림을 그리는 사람이야. 그 그림을 빌더에게 주면 새로운 건물을 뚝딱뚝딱 만들게 되지.
Architects are people who create ideas for new buildings. When they give their drawings to builders, the builders can make the new buildings.

4 우리가 한국으로 갈때 엄청 큰 비행기를 탄적이 있지? 비행기 조종사는 하늘을 나는 비행기를 떨어지지 않고 안전하게 날 수 있도록 조종하는 분이셔.
When we went to Korea, we took an airplane, right? Pilots are people who fly airplanes. They fly the airplanes safely so that we can reach our destination.

5 우주 비행사는 로켓을 타고 우주에서 여행하고 탐구하는 분들이셔. 지구밖에 어떤 세상인지 알려주시는 분들이야.
Astronauts are people who ride spaceships and explore outer space. They tell us what space looks like and what's up there.

✱ space가 우주를 말할 때는 the를 붙이지 않습니다.

6 환경미화원분들은 우리가 사는 도시를 깨끗하게 지켜줘. 쓰레기를 수거하고, 깨끗하게 구석구석 청소해주신단다.
Cleaners are people who clean our city. They collect garbage and clean all over the city.

7 수의사 분들은 아픈 동물들을 진찰해주시고 치료해주시는 분들이야. 송송이가 좋아하는 햄스터, 강아지, 고양이가 아프면 수의사 분한테 진찰을 받아야 해.
Veterinarians or vets are special doctors just for animals. Hamsters, dogs, and cats go to animal clinics to be examined by vets.

✱ veterinarian을 줄여 vet이라고 표현합니다.

3 더 넓고 큰 세상 배우기
슛! 나는 슛돌이!

누가 더 빠른지 달려 볼까. 장애물 넘고 뛰어보자!

Let's see who can run faster. Let's jump over the hurdles, too!

 모든 엄마들은 아이가 건강하게 성장하기를 바라지요. 송송이는 이유식을 시작할 때부터 미각도 예민하고 음식에 도통 관심이 없었답니다. 엄마가 온갖 유기농 야채 며 좋은 고기로 요리를 해줘도 겨우 몇 숟가락 먹는 정도였답니다. 또래보다 많이 왜 소해 보이는 아이가 걱정돼 엄마는 어떻게든 운동도 시켜보고 체력을 높여주려고 노력한답니다. 체력이 부족하면 주의력도 부족하고 유치원 생활에 문제가 있지 않을까 노심초사하지요. 아이가 공을 가지고 놀이터에 갔을 때, 아빠가 하는 운동을 따라하고 싶어할 때, 어떻게 가이드할 수 있을지 알아볼까요?

• 꼭 알아둘 표현 •

1 누가 더 빠른지 달려 볼까. 장애물 넘고 뛰어보자!
Let's see who can run faster. Let's jump over the hurdles, too!

2 운동은 키가 쑥쑥 클 수 있게 도와줘. 운동을 하면 근육도 생기고 몸이 엄청 튼튼해질 수 있어.
Exercising helps us grow. When we exercise, our body builds muscles and becomes stronger.

 음성 파일로 들어보세요!

• 더 알아둘 표현 •

3 첨벙첨벙 수영해보자! 개구리처럼 발을 차볼래? 왼팔 오른팔도 저어보자. 다이빙은 높은 곳에서 물로 풍덩 점프 하는 거야. 어른이 되면 할 수 있어.

Let's swim and splash! Do you want to kick like a frog? Let's use both arms like we're rowing a boat. Diving is jumping off of a high platform. You can do it when you grow up.

✱ 물을 튀기고 첨벙대는 것을 splash라고 합니다. row는 노를 젓는다는 뜻이죠.

4 테니스는 라켓으로 테니스 공을 힘껏 치는 거야. 저기 넷을 넘으면 포인트를 얻을 수 있어.

In tennis, you hit the ball with a racket. When the ball goes over the net, you can get a point.

5 조금 느려도 괜찮아! 운동을 좋아하는 마음이 가장 소중한거야!

It's okay to be a bit slow. What's most important is to enjoy exercising.

6 태권도는 몸이 튼튼해지는 운동이야. 차렷! 힘차게 다리 뻗어 차보자! 힘을 모아 격파 해볼까?

Taekwondo can make our body stronger. Kick with your legs fully stretched out. Gather all your power and break the board.

7 엄마 아빠는 운동을 너무 좋아해! 운동하면 몸에 산소가 많이 들어올 수 있어! 우리 몸이 건강해지고 정신도 맑아져!

Mommy and Daddy like exercising a lot! When we exercise, a lot of oxygen comes into our bodies. Then we will be healthier and more refreshed.

3 더 넓고 큰 세상 배우기
이야기 왕국을 만들어보자

이 애니메이션은 어린이가 보기에 적합하지 않아.
This cartoon isn't for kids.

 애니메이션 영상을 고르다 보면 아이의 연령대에 적절하지 않은 것들도 보게 됩니다. 아이는 호기심에 보고 싶어 하지만 모방행동이 걱정되어 안 된다고 하지요. 그럴 때 저는 '이야기 왕국'에 대해 말해 줍니다. 이야기들은 모두 멀리 있는 왕국에서 오는데, 가끔은 문이 열리지 않아 볼 수 없다고 얘기한답니다. 그러면 아이는 그 애니메이션이 우리 집 TV로 올 때까지 학수고대하지요. 이야기를 사랑하는 아이로 성장하기를 바라며 하는 말들을 소개합니다.

• 꼭 알아둘 표현 •

1 이 애니메이션은 어린이가 보기에 적합하지 않아. 송송이가 7살이 되면 볼 수 있으니 기다려보자.
This cartoon isn't for kids. When you turn 7, you can watch it.

2 송송이 이야기를 만들때 너무 재밌지? 엄마도 이야기를 만드는 것을 너무 좋아해.
Songsong, you think creating stories is interesting, right? Mommy likes making up stories, too!

• 더 알아둘 표현 •

3 옛날 옛적에 호랑이 한마리가 살았어. 아빠가 호랑이 이야기를 해줄거야. 무섭겠지?

<u>Once upon a time</u>, there was a tiger living in the village. Daddy is going to tell you a tiger story. Scary, huh?

 ✱ 무서움을 느끼는 상태는 scared라고 하고, 무서움을 주는 대상은 scary라고 묘사할 수 있습니다.

4 와! 송송이 이야기 너무 재밌어. 어떻게 이런 아이디어를 생각했어? 송송이 이야기 더 듣고 싶어.

Wow! Songsong's story is so interesting. How did you <u>think of these ideas</u>? Mommy wants to hear more about your stories.

 스토리텔링은 아이에게 무한한 즐거움과 상상력을 만들어 주는 것 같습니다. 잠을 잘 때에도 잠이 저 멀리 왕국에서 걸어 오고 있다고 상상하면서 이야기들을 만들어 본답니다. 아빠 엄마 아이 모두 자기 전에 이야기를 하나씩 지어내 보기도 합니다. 아이의 이야기는 대부분 나쁜놈을 잡아가거나 때려 부수는 내용이에요. 그래도 언제나 재미있게 듣고 호응해주죠.

5 작가는 이야기를 만드는 사람이야. 우리의 마음을 흔드는 이야기들을 많이 많이 쓰는 사람이야.

Writers are people who create stories. They write a lot of stories that make us <u>feel lots of different feelings</u>.

6 송송이 잠이 오고 있어? 오토바이 타고 오고 있어? 아니면 달팽이처럼 천천히 오고 있어? 까꿍하고 송송이 머리속에 들어오면 눈을 감고 잘거야.

Is your sleepiness <u>on its way</u>? Is it riding a motorcycle or crawling like a snail? When the sleepiness says hi and comes into your brain, it's time to close your eyes and go to sleep.

엄마의 손 편지 2

말레이시아에서도, 싱가포르에서도 매너에 대한 교육이 생활 속에 스며들어 있다는 생각을 많이 했어요. 아이들끼리 놀이할 때 조금이라도 무례한 행동을 하면 부모들은 바로 주의를 줍니다. 만 4세 전의 송송은 천방지축 개구쟁이라 매너에 대한 교육도 매우 어려웠어요. 항상 please, thank you를 쓰라고 말해주고, 친구들과 선생님께 감사의 마음을 전하는 연습을 시켰습니다.

매일 아침 쓰는 편지에도 놀이 매너, 대화 매너에 대한 내용들이 빠지지 않았습니다. 아직은 아이가 많이 서툴지만 엄마가 오랫동안 반복하여 얘기해 주면 말과 행동에 배지 않을까 하는 기대로 적어보기 시작했어요.

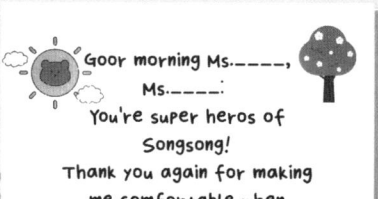

Goor morning Ms.____,
Ms.____:
You're super heros of Songsong!
Thank you again for making me comfortable when Songsong is away from me at school.

Songsong, always remember your magic words, "Please" and "Thank you".

 You can handle it!
Don't worry!
Love you and see you later!
-From mommy

Good morning
Mr. Justin and Ms. Sobrina,
You're Songsong's super heroes.
Thank you again for making me feel comfortable when Songsong is away from me at school.

Honey,
Always remember your magic words, "Please" and "thank you."
Songsong can handle it! Don't worry.
What is your first mission?
It is to have fun at school!
Love you and see you later!

저스틴 선생님, 소브리나 선생님.
선생님들께서는 송송의 슈퍼히어로이세요.
송송이가 저와 떨어져 학교에 있을 때에도 제가 마음 편히 있을 수 있도록 해주셔서 다시 한 번 감사드립니다.

송송, 항상 마법의 단어를 기억하자.
"부탁드려요", "감사합니다" 같은 말들 말이야.
송송은 잘할 수 있어. 걱정하지 마. 제일 중요한 임무가 뭐지? 학교에서 재미있게 지내는 거야!
사랑해. 나중에 보자!

Honey,
What is the mission today?
Look for a good side in everyone.
And always say "thank you" and "please"
to your lovely and kind teachers.
Love you and kiss you.
See you later.

사랑하는 송송, 오늘의 미션은 뭐지?
모든 사람에게서 좋은 점을 찾는 거야.
그리고 항상 사랑스럽고 친절한 선생님들께 "감사합니다",
"부탁드려요"라고 말하는 거야.
사랑해. 키스해 줄게. 나중에 보자.

Songsong!
Mommy always loves you.
Enjoy every day
Try to slow down and be kind
to everyone.
And don't forget your magic
words "please" and "thank you."

송송! 엄마는 항상 송송을 사랑해.
하루 하루를 즐기렴.
서둘지 말고, 모든 사람에게 친절하자.
그리고 "부탁드려요", "감사합니다" 같은
마법의 말을 잊지 말자.

Songsong! You are amazing every day!
What is our mission today?
Do something nice for someone.
And thank your teachers for their help.
Always love Songsong and be with you.

우리 송송 매일 대단해!
오늘의 임무는 뭐지? 모두에게 좋은 일을 하는 거야.
그리고 도움을 주시는 선생님께 감사드리자.
항상 사랑해. 언제나 함께할 거야.

Chapter·5
공대 출신 엄마가 알려주는 수학과 과학

어린아이들의 수학과 과학에 대한 질문은 누구라도 쉽게 설명해 줄 수 있어요. 아주 가끔 전공과 관련된 질문을 하면, 공대 출신 엄마로서 조금 더 자세히 말해주는 정도의 차이만 있습니다. 또 가끔은 장난감이 망가져 엄마의 도움을 요청할 때가 있지요. 아이는 망가진 장난감을 몰두해서 고치는 엄마의 모습을 좋아하는 듯 보였어요. 어떤 질문이든, 어떤 요청이든, 거부감을 나타내지 않으려고 노력 중이에요. 아이가 지닌 호기심들을 어른이 될 때까지 간직할 수 있도록 돕기 위해 최선을 다하고 있답니다.

1 수학은 어렵지 않단다
숫자와 친해져 보자

냄비에 감자 하나를 더 넣으면 몇 개가 될까?
If we put one more potato in the pot, how many will there be?

 셈을 잘하는 아이들을 보면 감탄을 하게 됩니다. 왜 우리집 아이만 숫자에 관심이 없을까요. 교구들을 장난감으로만 가지고 놀 뿐입니다. 유치원 만 4세반은 벌써 10까지 더하기를 마스터한 분위기입니다. 송송이는 손가락을 이리 펴보고 저리 펴보고 하다가 5초도 안 되어 딴짓을 합니다. 발가락까지 동원해 보지만 영 진전이 없네요. 급한 마음에 아이를 테이블에 앉혀놓고 숫자와 더하기를 가르쳐 보았어요. 더하고 빼고를 영어로 말하려니 이게 맞는건지 헷갈리기도 합니다. 아이가 관심을 보인다면 같이 숫자 공부를 하는 것도 좋겠지요?

• 꼭 알아둘 표현 •

1 냄비에 감자 하나 넣고 하나를 더 넣으면 몇 개가 될까?
If we have one potato in the pot and put one more in, how many will there be?

2 우리는 왜 숫자를 배워야 하지? 송송이가 마트에 갔는데 숫자를 모르면 아이스크림을 살 수 있어? 없지? 숫자는 우리 생활에 없어서는 안 될 존재야.
Why should we learn numbers? When Songsong goes to a supermarket, if you don't know numbers, will you be able to buy ice creams? No. Numbers are one of the most important things in our lives.

 음성 파일로 들어보세요!

• 더 알아둘 표현 •

3 송송이가 쵸콜릿 3개를 가지고 있어. 5개를 더 가지면 몇 개가 될까?
Songsong has 3 chocolates. If you get 5 more, how many will you have?

4 칙칙폭폭 기차가 앞으로 세정거장 나갔어. 뒤로 두정거장 돌아가면 어느 정거장에 와 있을까?
A train went forward three stations, then it went back two stations. Which station is the train at now?

5 8과 10 사이에는 누가 누가 들어가야 되지? 10 다음에는 어떤 숫자가 올까?
What number comes between 8 and 10? What number comes after 10?

6 숫자를 세려니 지루하지? 엄마도 그 마음 알고 있어. 할 수 있는 데까지 해볼까?
Counting numbers is a bit boring, isn't it? Mommy understands how you feel. Let's do as much as we can.

7 우리 숫자를 순서대로 읽어볼까?
Let's read the numbers in order.

8 10부터 거꾸로 세어 볼까? 1까지 가려면 몇 개가 더 남았어?
Let's count backwards from 10. How many are left until we get to one?

1 수학은 어렵지 않단다
10 이하 숫자 세기

> 엄마, 아빠, 송송이의 팔을 다 더하면 몇 개가 될까?
> **How many arms do we have in all?**

아직 만 5세가 안 된 송송은 지루한 일은 견디기 힘들어한답니다. 특히 숫자를 세는 일을 매우 싫어했어요. 5를 넘어가면 그 뒤로는 책상에 엎드리거나 두리번거리며 재미있는 장난감을 찾아보기가 일쑤였답니다. 말레이시아 유치원의 진도는 빠른 편이어서 더하기 빼기, 숫자 20까지 가르치지만 송송은 유치원에서도 전혀 숫자에 관심이 없었답니다. 최근에 층수가 높은 집으로 이사를 가게 되었는데 숫자가 하나씩 높아지고 내려가는 걸 보더니 집에 오면 소시지 같은 손으로 세어 보기도 하고 20 이상의 숫자를 이해하려는 듯 보였어요. 자기 전에도 엄마랑 이런저런 간단한 숫자 유희들을 해봅니다. 아이가 거부감이 없을 정도의 숫자 놀이를 알아볼까요.

• 꼭 알아둘 표현 •

1 엄마, 아빠, 송송이의 팔을 다 합치면 몇이 될까?
How many arms do we have **in all**, if we **add up** all of our arms – Mom's, Dad's, and Songsong's?

2 엄마가 도넛 두 개가 있어. 송송은 세 개가 있어. 2 더하기 3은 몇일까?
Mommy has two donuts and Songsong has three. **What does 2 plus 3 equal?**

 ✱ 덧셈이나 뺄셈을 표현할 때 등호 자리에는 be동사를 써도 좋고 예문처럼 동사 equal을 넣어도 좋습니다.

 음성 파일로 들어보세요!

• 더 알아둘 표현 •

3 어떤 숫자가 6보다 작을까/클까?
Which number is smaller/bigger than 6?

4 엄마가 초콜릿 다섯개가 있어. 송송한테 두개를 주면 엄마는 몇 개가 남을까?
Mommy has five chocolates. If Songsong takes two, how many chocolates does Mommy have left?

5 5 빼기 2는 몇일까? 엄마가 다섯개에서 두개를 빼 볼게.
What answer do we have if we take 2 away from 5?

＊ 빼는 것은 subtract라고 합니다만, 더 쉽게 가져간다는 의미에서 take를 써도 됩니다.

6 이 박스에는 공을 10개를 넣을 수 있어. 그런데 지금 공이 5개만 들어 있어. 몇 개를 더 넣어야 될까?
This box fits ten balls. Now we have only five in the box. How many more balls can Songsong put in until the box is full?

7 앞으로 세 칸만 더 가볼까? 뒤로 두 칸 가볼까?
How about moving forward three? How about going back two?

8 이 방법은 맞는 방법이 아닌 것 같아. 어떻게 하면 7을 만들 수 있는지 생각해볼까?
This doesn't seem to be the right way to do it. Let's think about different ways to make seven.

1 수학은 어렵지 않단다
10이상 숫자세기와 계산하기

12는 10에 2를 더한 거야. 13은 어떨까?
10 plus 2 equals 12. What about 13?

아직 15까지의 숫자로만 덧셈, 뺄셈이 가능한 송송에게 더 큰 숫자를 알려줄지 고민하고 있답니다. 자고 나면 달라지는 아이의 모습에 급한 마음을 버리려고 노력 중이에요. 한국에서는 만 3세면 한글도 떼고 연산학원도 다닌다고 들었지만, 느긋한 말레이시아 식으로 아이가 관심을 가질 때까지 기다리는 중입니다. 10 이상의 숫자들을 어떻게 말해줄지 알아볼까요.

• 꼭 알아둘 표현 •

1 12는 어떻게 만들어졌을까? 12는 10에 2를 더한 거야. 13은 어떨까?
How do we make 12? 10 plus 2 equals 12. What about 13?

2 15에서 6을 빼면 얼마가 될까? 15에서 여섯 칸을 뒤로 가면 9가 나오네.
What is 15 minus 6? If we take six steps backward from 15, we get 9!

음성 파일로 들어보세요!

• 더 알아둘 표현 •

3 10이상의 숫자를 더하고 빼려면 패턴을 알아야 해.
When we add or subtract numbers bigger than 10, we need to know the pattern.

  ✱ 더하거나 빼는 것은 각각 add, subtract로 표현해도 좋습니다.

4 우리 먼저 10을 만들어 보자. 그리고 몇 개가 남는지 알아볼까?
Let's make 10 with these numbers, and let's see how many numbers are left.

5 8더하기 7은 몇 개일까? 우리 먼저 10을 만들어보자. 7에서 두개를 빼서 8에게 주면 10이 되지. 그러면 7에는 다섯 개만 남게 되잖아. 10 더하기 5는 15!
What does 8 plus 7 equal? Let's make 10 first with 8 and 7. We can take two from seven and give those to eight. Eight plus two becomes ten. Then, we have five left from seven. So, ten plus five equals 15.

6 공이 가장 많이 들어있는 박스부터 가장 적게 들어 있는 박스까지 골라보자.
Let's choose the boxes with the most marbles and the least marbles.

7 이 친구는 1 순위로 서 있어. 그 다음은 두번째, 세번째, 네번째, 다섯번째…
This friend is the first in line. The next are second, third, fourth, and fifth.

8 얼마나 긴지 블록으로 세어보자. 이 도형은 블록 5개만큼 길구나.
Let's measure the length with our blocks. This shape is five blocks long.

2 공대 출신 엄마의 이야기
지구가 저를 끌어당긴 거예요

> 지구는 중력이라는 엄청난 힘을 갖고 있어.
> **The earth has a huge force around it called gravity.**

 저는 어릴 적부터 책 읽기를 무척 좋아했습니다. 장래희망도 작가였지만 부모님의 희망대로 공대에 갔지요. 남편도 이공계 출신이라, 저희 집은 매우 정적이고 취미도 단출한 편이랍니다. 아이가 태어나면 예체능 쪽에 재능이 있어 신나고 흥미로운 인생을 살았으면 좋겠다는 생각을 해본 적이 많답니다. 하지만 아이가 어디 부모 기대처럼 되나요. 결국 아이가 궁금해하는 내용들을 설명할 준비를 해야 하지요.

• 꼭 알아둘 표현 •

1 중력은 보이지 않는 힘이야. 두 물체가 서로 끌어당기는 힘을 중력이라고 해.
The power that pulls objects is called gravity. Gravity is an invisible force.

2 지구는 끌어당기는 엄청난 힘을 갖고 있어. 그래서 모든 물건은 아래로 떨어지는 거야.
The earth has a huge force around it called gravity. That's why everything falls towards the earth.

  * 중력을 뜻하는 gravity와 동사 gravitate는 어원이 같습니다. 중력이 끌어당기는 것을 1번 예문처럼 pull로 표현할 수 있지만, 더 정확히는 gravitate라고 합니다.

 음성 파일로 들어보세요!

• 더 알아둘 표현 •

3 나무 위의 사과는 어디로 떨어질까? 우리는 왜 바닥에 서 있을 수 있지? 우리가 우주로 가면 어떻게 될까?

Where will apples fall? How can we stand on the floor? What will happen if we go to space?

4 우리가 우주로 가면 둥둥 떠다니게 될 거야. 우주로 가면 지구가 끌어당기는 힘이 약해져.

If we go to space, we float around in the air. In space, the gravity is weaker than on the earth.

5 무거운 물건은 트롤리 위에 놓으면 이동하기가 쉬워져. 왜 그럴까. 그건 물건이 맞대어지는 면이 줄어들어 마찰력도 줄기 때문이지.

When we put heavy things on a trolley, they get easier to move. Why? It's because the contacting surfaces get smaller, so friction becomes weaker.

✱ 아이가 이해하기에는 조금 어려운 이야기일 수도 있지만, 마찰은 friction이라고 합니다. contacting surface는 '접촉하는 표면'이라는 뜻이고, 곧 '물건이 맞대어지는 면'을 의미하죠.

6 우리는 어떻게 산으로 올라갈 수 있을까? 산길이 매끌매끌하면 미끄러져 내려오겠지? 마찰력이 있어서 우리는 위로 힘을 줄 수 있어. 산에 갈 때는 등산 신발을 신어야 해.

How can we climb up a mountain? If the trail is slippery, we might slip down. We can climb because of friction. So we must wear climbing shoes that give us more friction when we go climbing.

✱ 등산로는 road보다 trail이라고 표현하는 것이 자연스럽습니다.

송송은 아빠의 유전을 "몰빵"받았다는 착각이 들 정도로 예체능과는 매우 거리가 멀고 전형적인 이과생의 모습을 어릴 때부터 보여주고 있습니다. 놀이도, 질문도 과학, 수학과 연관이 많아 저도 책과 인터넷을 찾아볼 때가 많았답니다. 그럴 때면 제가 이과 출신인 게 다행이라는 생각도 해봤습니다. 아이가 궁금해하고 알고 싶어 하는 내용들을 더 소개해 볼게요.

7 자석은 쇠로 만든 물건을 끌어당기는 광석이야. 자석은 서로 끌어당기기도 밀어내기도 해.
Magnets are objects that attract metals. Magnets attract or repel each other.

✱ attract나 repel은 과학 용어로 각각 자석이 끌어당기는 것과 밀어내는 것을 일컫습니다.

8 자석은 N극과 S극을 갖고 있어. 반대편은 서로 끌어당길 수 있어.
A magnet has a north and a south pole. And opposites attract.

✱ Opposites attract.는 예문처럼 자석의 서로 다른 극을 끌어당긴다는 뜻인데, 비유적으로 '극과 극은 통한다'라는 의미로 쓰이기도 합니다.

9 전기는 서로 닿지 않고도 힘을 줄 수 있어. 머리카락이 풍선에 붙어 있는 것도 정전기가 있기 때문이야.
Electricity doesn't need to touch something to provide power. Your hair sticks to a balloon because of static electricity in the air.

✱ 정전기는 영어로 static electricity라고 하거나 그냥 static이라고만 해도 좋습니다.

10 자석을 이용하면 자기부상열차도 만들 수 있고, 엄청 무거운 물건도 들 수 있어.
Some extra-strong magnets are used to make high-speed trains float above the ground, and some can lift very heavy things.

음성 파일로 들어보세요!

'우리 집 아이는 왜 이리 유별나지?' 이런 고민을 자주 합니다. 1초도
가만히 있지 못하는 아이를 보며 뭐가 문제일까 걱정하기 마련이에요.
하지만 가끔은 엉망진창으로 만들어 버린 거실에서 의외로
아이디어가 돋보이는 '작품'들이 발견될 때도 있어요.
육아 프로그램에서 배운 대로 잔소리보다 구체적인 칭찬을 하려고
노력 중입니다.
"오! 이거 멋진데? 어떻게 만들었어? 엄마도 쓸 수 있는 거니?"

2 공대 출신 엄마의 이야기
돈은 하늘에서 떨어지는 게 아니야

> 돈이 많아지면 우리 함께 은행에 가서 저축해보자.
>
> **When there's enough money, let's go to a bank and put it safely there.**

 예전과 달리 요즘은 QR코드나 카드로 결제하는 경우가 많아요. 현금은 이제 거의 보기 힘든 세상이 되었지요. 그래서인지 송송은 핸드폰과 매직카드만 있으면 장난감 가게의 모든 장난감을 살 수 있다는 귀여운 오해도 하는 듯 보였어요. 만 4세가 넘어가자 엄마가 ATM에서 돈을 인출하는 모습을 보며 돈에 대해 궁금해하고, 어떻게 돈이 생기는지 돈을 가질 수 있는지 자주 물어본답니다. 아이에게 돈에 대해서 어떻게 말해줄지 알아볼까요.

• 꼭 알아둘 표현 •

1. 받은 돈을 돼지저금통에 넣을 수 있어. 돈이 많아지면 우리 함께 은행에 가서 저축해보자.
   Songsong can keep money in the piggy bank. When there's enough money inside, let's go to a bank and put it safely there.

2. 이 돈으로 무엇을 가장 먼저 살지 정해야 해. 장난감이 1순위는 아니야.
   We need to think about what to buy with this money. Toys are not the most important.

   ✱ 우선순위를 정하는 것을 한 단어로 prioritize라고 표현할 수 있습니다. 좀 딱딱한 단어이니 위 예문처럼 '무엇이 가장 중요한지 생각하다' 정도로 풀어서 표현하는 것도 좋겠습니다.

 음성 파일로 들어보세요!

• 더 알아둘 표현 •

3 일을 해야 돈을 벌 수 있어. 돈은 하늘에서 마구 떨어지는 물건이 아니야. 매우 소중한거야.

We have to work to make money. Money does not grow on trees. Money is very precious.

✱ '돈은 하늘에서 떨어지는 게 아니다'의 영어 표현은 Money does not grow on trees.입니다.

4 돈을 집에 두면 도둑이 가져갈 수도 있겠지? 그래서 우리는 돈을 더 안전한 곳에 둘 거야. 그 곳이 바로 은행이야.

If we keep money at home, thieves may want to steal it. So, we put our money in a safer place. The place is the bank.

5 돈을 많이 저축하는 일은 인내심이 필요해. 그래야 더 큰 장난감을 살 수 있어.

Saving money takes patience. But it's worth it in the end, because you can buy a bigger toy.

✱ It's worth it.은 '그만한 가치가 있다'에 해당하는 관용 표현입니다.

송송은 매일 쓰레기를 엄마와 함께 버리고 동그라미를 하나씩 얻고 있어요. 그 동그라미가 14개 또는 28개가 되면 작은 장난감, 큰 장난감을 하나씩 얻을 수 있답니다. 아직 어리지만 돈에 대한 개념을 형성해 갈 수 있게 노력중입니다.

6 하루에 쓰레기를 버리거나 설거지를 하면 동그라미를 하나 얻을 수 있어. 이 동그라미가 이만큼 모이면 장난감을 하나 살 수 있는 거야.

When Songsong puts the trash in the trash bin or washes the dishes, you will get one circle. When you collect enough circles, you can buy a toy.

3 미래는 어떤 모습일까
지구야 아프지 마

지구가 더 뜨거워지면 북극곰의 집이 녹아 버릴지도 몰라.
If this keeps happening, polar bears' houses will melt.

 아이가 커가면서 관심의 영역이 넓어지기 시작했습니다. 이해가 안 되는 영상을 물어보기 시작하더니, 이제는 지구가 아픈 이유도 꼬치꼬치 캐묻습니다. 지구에 대해 이해할 수 있을까 의문을 가지면서도 진지하게 설명을 해주었답니다. 지구에 관련된 책도 사보고, 지구본도 보면서 어렴풋이 지구에 대해 알아가는 걸 느낄 수 있었습니다. 송송이가 환경을 지키는 늠름한 청년이 되기를 기대해 봅니다.

• 꼭 알아둘 표현 •

1 지구는 지금 많이 뜨거워져 있어. 더 뜨거워지면 북극곰이 살고 있는 집이 녹아 버릴지도 몰라.
The earth is getting hotter. If this keeps happening, polar bears' houses will melt.

2 지구는 왜 뜨거워질까? 바로 온실가스 때문이야. 공장에서, 차에서 나오는 온실가스 때문에 지구가 뜨거워진 거야.
Why is the earth getting hotter? It's because of greenhouse gas. Greenhouse gas is something in the air that comes from factories and cars and makes the earth hotter and hotter.

 음성 파일로 들어보세요!

• 더 알아둘 표현 •

3 사람들이 쓰레기를 바다에 버리면 어떻게 되지? 바다 동물친구들이 먹이인줄 알고 먹게 되지. 그러면 많이 아플 수 있어. 쓰레기는 꼭 쓰레기통에 버리자.

What will happen if people throw their trash into the ocean? Right. Many ocean animals will eat the trash because they think it is food. Then, the animals will get sick. Let's always throw our trash into garbage bins.

4 공장에서, 차에서는 엔진을 돌리게 돼. 엔진은 기름을 먹어야 윙윙 돌아갈 수 있어. 기름이 타게 되면 온실가스가 배출이 돼.

Factories and cars use engines. Engines burn oil. When oil is burned, greenhouse gas comes out.

5 음식물은 음식물 쓰레기통에, 유리는 유리 재활용 통에, 종이는 종이 재활용통에, 분리해야 해.

We should recycle. Food waste should go into food waste bins, glass into glass bins, paper into paper bins, and dangerous waste into special bins.

★ '분리수거하다'는 간단히 동사 recycle로 표현할 수 있습니다. '분리'와 '수거'를 따로 생각할 필요가 없습니다.

6 왜 지구는 뜨거워지는 걸까. 온실가스가 지구위로 올라가면 지구의 열이 밖으로 빠져나가지 못하게 해. 그래서 지구는 점점 뜨거워져. 너무 아프겠지? 우리 지구 아프지 않게 많이 도와주자.

Why is the earth getting hotter? When greenhouse gas gets into the air, the heat from the earth is blocked inside and can't get out into space. So the earth gets hotter and hotter. Let's help the earth so that it doesn't get sick.

3 미래는 어떤 모습일까
설거지 로봇 만들어 드릴게요

엄마를 도와 설거지하는 로봇을 만들어 준다고?

You will make robots to help Mommy wash the dishes?

아이마다 타고난 재능이 있지요. 옆집 아이는 그림에 재능을 보이고, 앞집 아이는 음악과 스토리텔링에 재능을 보이네요. 우리집 장난꾸러기는 이공계열 부모의 유전자 때문인지 유난히 전자제품에 관심이 많고, 온갖 케이블로 집을 가상의 전기회로판으로 만들어 버립니다. 아이가 원해서 산 코드와 전기케이블이 얼마나 되는지 셀 수가 없답니다. 요즘의 관심사는 로봇청소기에요. 집에 로봇 친구가 생긴 셈이 되었어요. 리모콘으로 조종도 하고, 따라가 보기도 하고, 이 방, 저 방 옮겨가며 청소를 도와주기도 한답니다. 첨단기술이 더욱 발전해 나갈 미래 세상에 대해 어떤 말을 할 수 있을까요?

• 꼭 알아둘 표현 •

1 엄마를 도와 설거지, 빨래, 요리도 하는 로봇을 만들어 준다고? 와! 너무 기발한 생각이다!
Wow! You will make robots to help Mommy wash the dishes, do the laundry and cook? That's an amazing idea!

2 우리는 로켓을 타고 우주로 갈 수 있어. 엄마랑 같이 화성에도 가보고 달에도 가보자.
We will ride in a rocket ship and go to space in the future. We can go to the Moon and Mars.

 음성 파일로 들어보세요!

• 더 알아둘 표현 •

3 미래에는 차들이 도로 위를 날아다닐거야. 도로로 가니 너무 오래 걸리고 답답하지? 나중에 멋진 날아 가는 차를 만들어봐.
In the future, cars will fly over the roads. It's so boring to drive a car on the road, right? You can make a flying car in the future.

4 와! 이건 송송이가 생각한 전기회로구나! 전기가 어디로 나오고 들어가는 거야? 안전하게 만든거지? 엄마는 이런 아이디어는 생각도 못했어.
Wow! This is an electric circuit Songsong made. Where does the electricity come in and go out? Is the circuit safe enough? Mommy will never have an idea like this.

5 우리 책으로 엄청 높은 타워를 만들어 볼까? 구름 위까지 갈 수 있는 타워를 나중에 송송이가 만들 수 있어.
How about making a super tall tower with books? In the future, Songsong can make a building that goes all the way up to the clouds.

6 로봇은 컴퓨터로 만들어야 해. 어떤 일을 할지, 어떻게 움직일지 우리가 생각하고 로봇의 머리속에 넣어 주는거야.
Robots are made of computers. We put a program into a robot's head and tell it what to do and how to move.

아이와 놀아주지 못하고 매일 설거지하고 밥하는 엄마의 모습을 보며 우연히 한마디 던지네요. "나중에 설거지, 요리 그리고 빨래 하는 로봇을 백만개 만들어 줄게요." 그 말 한마디에 어찌나 감사한지 울컥했던 기억이 나네요.

7 송송이는 나중에 많은 새로운 물건들을 만들 수 있어. 아직은 위험해서 엄마가 못하게 하지만 조금만 크면 뚝딱뚝딱 우리 손으로 만들어 보자.
Songsong will make a lot of new things in the future.

Mommy doesn't want you to make them now because you are so young, but when you grow up, you will definitely make them with your own hands.

8 나중에 송송이가 크면 더 멋진 프로그램을 만들 수 있을 거야. 컴퓨터는 머리가 엄청 좋아. 계산도 빨리 할 수 있어. 송송이는 그 컴퓨터를 가지고 로봇도 만들고 여러가지 프로그램도 만드는거야.

When Songsong grows up, you will make a better program. A computer is super smart and it can calculate quickly. Songsong could use a computer to make a robot or a computer program.

* super는 very나 extremely 정도 의미로, '매우 ~하다'고 강조할 때 잘 쓰입니다. 컴퓨터가 계산을 빨리 하는 것을 quickly로 표현했는데, fast를 활용할 수도 있지만, 기본적으로 fast와 quickly는 의미가 다릅니다. quickly는 많은 시간이 소요되지 않는다는 뜻이고, fast는 속도가 높음을 가리킵니다. 일상에서는 구분하지 않고 쓰는 경우도 많지만요.

아이 스스로 뚝딱뚝딱 뭔가를 자주 만드는 편이랍니다. 거실 바닥이 종이며, 풀, 가위 등 온갖 재료로 난장판이 되면 엄마의 분노 버튼은 가동되지요.
만든 작품들도 그다지 퀄리티가 높아 보이지 않지만 "이거 만드는 거 재미있었어? 어떻게 쓸 수 있지? 와 신기하다!"라고 말해주려고 해요.
엄마의 사랑을 듬뿍 받으며 실컷 놀 수 있는 시간도 길지 않으니까요.